DIALOGANDO SOBRE O LUTO
E SUPERANDO PERDAS

Editora Appris Ltda.
1.ª Edição - Copyright© 2024 da autora
Direitos de Edição Reservados à Editora Appris Ltda.

Nenhuma parte desta obra poderá ser utilizada indevidamente, sem estar de acordo com a Lei nº 9.610/98. Se incorreções forem encontradas, serão de exclusiva responsabilidade de seus organizadores. Foi realizado o Depósito Legal na Fundação Biblioteca Nacional, de acordo com as Leis nºs 10.994, de 14/12/2004, e 12.192, de 14/01/2010.

Catalogação na Fonte
Elaborado por: Dayanne Leal Souza
Bibliotecária CRB 9/2162

M237d
2024

Malaquias, Eliane
　　Dialogando sobre o luto e superando perdas / Eliane Malaquias. – 1. ed.
– Curitiba: Appris, 2024.
101 p. : il. color. ; 21 cm.

Inclui referências.
ISBN 978-65-250-6798-8

1. Superação. 2. Luto antecipatório. 3. Processo do luto. 4. Melancolia. 5. Sentimentos. I. Malaquias, Eliane. II. Título.

CDD – 393.9

Editora e Livraria Appris Ltda.
Av. Manoel Ribas, 2265 – Mercês
Curitiba/PR – CEP: 80810-002
Tel. (41) 3156 - 4731
www.editoraappris.com.br

Printed in Brazil
Impresso no Brasil

ELIANE MALAQUIAS

DIALOGANDO SOBRE O LUTO E SUPERANDO PERDAS

CURITIBA, PR
2024

FICHA TÉCNICA

EDITORIAL
Augusto Coelho
Sara C. de Andrade Coelho

COMITÊ EDITORIAL
Ana El Achkar (UNIVERSO/RJ)
Andréa Barbosa Gouveia (UFPR)
Conrado Moreira Mendes (PUC-MG)
Eliete Correia dos Santos (UEPB)
Fabiano Santos (UERJ/IESP)
Francinete Fernandes de Sousa (UEPB)
Francisco Carlos Duarte (PUCPR)
Francisco de Assis (Fiam-Faam, SP, Brasil)
Jacques de Lima Ferreira (UP)
Juliana Reichert Assunção Tonelli (UEL)
Maria Aparecida Barbosa (USP)
Maria Helena Zamora (PUC-Rio)
Maria Margarida de Andrade (Umack)
Marilda Aparecida Behrens (PUCPR)
Marli Caetano
Roque Ismael da Costa Güllich (UFFS)
Toni Reis (UFPR)
Valdomiro de Oliveira (UFPR)
Valério Brusamolin (IFPR)

SUPERVISOR DA PRODUÇÃO Renata Cristina Lopes Miccelli
PRODUÇÃO EDITORIAL Bruna Holmen
REVISÃO Raquel Fuchs
Manuella Marquetti
DIAGRAMAÇÃO Bruno Nascimento
CAPA Carlos Pereira
REVISÃO DE PROVA Bruna Santos

À minha família,
Que é o alicerce da minha vida, meu porto seguro e minha maior fonte de amor e inspiração. Agradeço a todos os familiares, cuja presença e afeto tornam minha vida mais completa e significativa.

Este livro é para vocês, que me ensinaram o verdadeiro sentido do amor e da união. Dedico-o também, com carinho, a todos os meus pacientes, passados e presentes, que confiam em mim para acompanhá-los em suas jornadas.

Com todo o meu amor,
Eliane Malaquias

SUMÁRIO

CAPÍTULO I
ENTENDENDO O LUTO E ENCONTRANDO RESILIÊNCIA ... 9
O LUTO E SUA DEFINIÇÃO ... 9
SENTIMENTOS ... 12
O LUTO É UM PROCESSO NATURAL QUE REQUER EXPRESSÃO ... 13
LUTO X MELANCOLIA ... 13
SOBRE ESTADO EMOCIONAL ... 16
AMBIVALÊNCIA E IDENTIFICAÇÃO ... 19
O LUTO COMPLICADO ... 22
QUANDO BUSCAR AJUDA? ... 26
O LUTO E SEU PRAZO DE VALIDADE ... 27
O LUTO INFANTIL ... 28
INTERVENÇÕES TERAPÊUTICAS PARA CRIANÇAS ... 30
DICAS PARA AUXILIAR CRIANÇAS ENLUTADAS ... 31

CAPÍTULO II
ABORDAGENS TEÓRICAS SOBRE O LUTO ... 33
RECONHECENDO OS DIFERENTES TIPOS DE LUTO
E SUAS PARTICULARIDADES ... 34
TEORIA DO APEGO, LUTO E AS SUAS DEFINIÇÕES ... 38
AS FASES DO LUTO SEGUNDO ELIZABETH KÜBLER-ROSS ... 41
É IMPORTANTE SABER ... 45
PAUSA PARA REFLEXÃO ... 46
PROCESSO DO LUTO – MEDIADORES DO LUTO ... 46
SOBRE O ENFRENTAMENTO NO PROCESSO DE LUTO ... 48
ABORDAGEM PSICANALÍTICA E SUAS ESTRATÉGIAS
PARA LIDAR COM O LUTO ... 48
PSICANÁLISE PARA ENFRENTAR O LUTO ... 49

CAPÍTULO III
CONSTRUINDO SIGNIFICADOS E ENCONTRANDO ESPERANÇA 55

CAPÍTULO IV
ENFRENTANDO O LUTO NO CONTEXTO HOSPITALAR 61
O LUTO ANTECIPATÓRIO E OS CUIDADOS PALIATIVOS 63
INTERVENÇÕES TERAPÊUTICAS 69
PARA REFLETIR 70
PERDA DE FILHOS COM DOENÇAS FATAIS 71
INTERVENÇÕES TERAPÊUTICAS PARA PERDA DE FILHOS 75
PROFISSIONAIS DA SAÚDE E O CONTEXTO HOSPITALAR 76
PARA REFLETIR 77

CAPÍTULO V
FORTALECENDO VÍNCULOS E ENCONTRANDO CONSOLO 79
AJUDANDO A SI MESMO E AOS OUTROS NO PROCESSO DE LUTO 82

CAPÍTULO VI
AVANÇANDO E RECONSTRUINDO A VIDA 83
ACEITANDO A REALIDADE DA PERDA 83
EXPLORANDO NOVAS POSSIBILIDADES E SENTIDOS 84
RECONSTRUINDO A IDENTIDADE E O SENTIDO EXISTENCIAL 85
PARA REFLETIR 87
CUIDANDO DA SAÚDE MENTAL 88
AJUDANDO A SI MESMO E AOS OUTROS NA JORNADA DE RECONSTRUÇÃO 89
CAMINHOS DE SUPERAÇÃO 90
PARA REFLETIR 91
CHEGOU A HORA DA CARTA 93

REFERÊNCIAS 99

CAPÍTULO I

ENTENDENDO O LUTO E ENCONTRANDO RESILIÊNCIA

O luto é uma jornada emocional complexa e universal, na qual é essencial permitir-se vivenciar e compreender as emoções envolvidas. Nesse processo, a resiliência se destaca como a chave para a superação e o crescimento pessoal.

(Eliane Malaquias)

O LUTO E SUA DEFINIÇÃO

O luto é uma experiência profundamente complexa e universal, que todos inevitavelmente enfrentam em algum momento da vida.

> Esse processo é uma jornada emocional marcada por uma grande variedade de sentimentos, como tristeza, raiva, culpa, medo e desesperança. É comum sentir-se perdido, confuso e sozinho durante esse período desafiador. No entanto, é fundamental permitir-se vivenciar essas emoções, sem tentar suprimi-las, pois elas fazem parte do processo de cura.

Fonte: a autora[1]

---

[1] Todas as figuras foram produzidas pela autora Eliane Malaquias utilizando a ferramenta Canva.

Além de afetar as dimensões emocionais, o luto também pode impactar o corpo e a mente, manifestando-se por meio de sintomas como fadiga, falta de energia, distúrbios do sono e do apetite e dificuldade de concentração. Para compreendê-lo de maneira mais profunda, é possível recorrer a diversas teorias psicológicas, como as concepções de Freud e outras abordagens contemporâneas.

Em 1915, Freud explicou que o luto é uma reação natural diante da perda de algo significativo, seja uma pessoa querida ou algo de grande valor para o indivíduo. Ele considerou o luto um processo mental comum ao longo da vida, no qual não há nada inconsciente sobre a perda: o enlutado sabe exatamente o que foi perdido.

SENTIMENTOS

As emoções que surgem durante o luto são tantas que, muitas vezes, é difícil até nomeá-las. A figura a seguir mostra inúmeras emoções que podem surgir durante o luto.

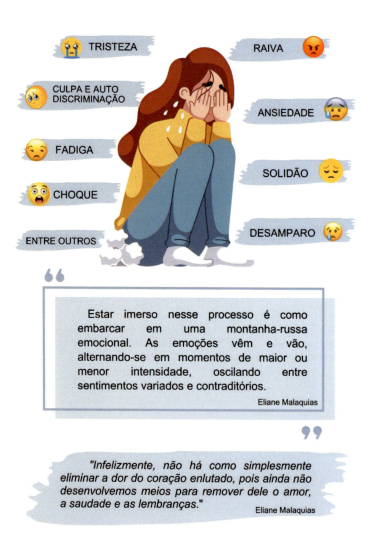

> Estar imerso nesse processo é como embarcar em uma montanha-russa emocional. As emoções vêm e vão, alternando-se em momentos de maior ou menor intensidade, oscilando entre sentimentos variados e contraditórios.
>
> Eliane Malaquias

> "Infelizmente, não há como simplesmente eliminar a dor do coração enlutado, pois ainda não desenvolvemos meios para remover dele o amor, a saudade e as lembranças."
>
> Eliane Malaquias

O LUTO É UM PROCESSO NATURAL QUE REQUER EXPRESSÃO

O luto é um processo natural que necessita a expressão das emoções envolvidas. A manifestação dos sentimentos possibilita que o indivíduo reconheça sua dor, elabore sua tristeza, sua saudade e até mesmo a revolta que possa emergir. A expressão emocional é essencial para a adaptação a uma nova realidade sem aquilo que foi perdido, contribuindo para a reconstrução do sentido da vida e para o fortalecimento dos recursos internos necessários para se seguir em frente. Negar ou reprimir essa expressão pode comprometer o processo de recuperação emocional, prolongando o sofrimento e ocasionando potenciais impactos na saúde mental.

As abordagens psicológicas contemporâneas destacam que ele também pode ser uma oportunidade para crescimento pessoal e desenvolvimento da resiliência. Encontrar sentido na perda e aprender a lidar com a dor são componentes essenciais desse processo.

A resiliência, no contexto do luto, consiste em encontrar maneiras saudáveis de integrar a perda à vida cotidiana e construir um futuro com propósito, apesar das adversidades. Isso pode incluir honrar as memórias de quem se foi, cuidar de si mesmo e descobrir novos objetivos.

Cada pessoa lida com a perda de maneira única e em seu próprio tempo. Não existe uma maneira "correta" de enfrentá-lo; o importante é permitir o tempo e o espaço necessários para ressignificar a perda e iniciar o processo de cura.

LUTO X MELANCOLIA

A perda de entes queridos ou de elementos significativos em nossa vida é uma experiência inevitável, que todos enfrentamos em algum momento. Trata-se de um acontecimento de profundo impacto emocional, que toca o íntimo de cada indivíduo e deixa marcas duradouras. Tanto o luto quanto a melancolia surgem como respostas a essas perdas, porém, suas complexidades e implicações são distintas. Compreender essas diferenças é crucial para um tratamento psicológico eficaz.

O luto, conforme Freud (1917), é um processo psíquico essencial para enfrentar a perda de um ente querido ou algo com grande valor emocional. Esse percurso envolve a retirada gradual do investimento emocional (ou libido) no objeto perdido e a reorganização dos laços afetivos.

O luto é caracterizado por sentimentos de tristeza, desânimo e perda de interesse nas atividades cotidianas, sendo uma resposta natural e adaptativa à nova realidade imposta.

Freud ressalta que, embora esses sintomas sejam dolorosos, eles fazem parte do processo de adaptação e não são considerados patológicos. Com o tempo, a intensidade do luto deve diminuir, levando à aceitação da perda e à reconstrução da vida do indivíduo.

Por outro lado, a melancolia, segundo Freud, ocorre quando o luto não é processado de maneira efetiva. Nesse estado, o indivíduo se identifica intensamente com o objeto perdido, internalizando a raiva e a hostilidade que antes eram dirigidas a ele, voltando-as contra si mesmo. Logo, essa melancolia é marcada por sintomas mais graves e duradouros, como um desânimo profundo, perda de interesse em atividades, alterações no sono e no apetite, além de pensamentos de morte ou suicídio.

Diferentemente do luto, a melancolia frequentemente exige intervenção profissional, como psicoterapia ou medicação, para ser superada.

A visão de Freud sobre o luto e a melancolia destaca a importância de reconhecer as diferenças entre esses estados emocionais e a complexidade da experiência humana diante da perda.

Compreender as particularidades de cada processo é essencial para proporcionar um suporte mais eficaz às pessoas que vivenciam o luto ou a melancolia. Antes de aprofundar nas suas distinções, é importante destacar que suas manifestações, causas e abordagens terapêuticas são diferentes. A Tabela 1 resume as principais características que diferenciam o luto, uma resposta natural e adaptativa, da melancolia, que envolve um quadro mais grave, associado a transtornos mentais.

Tabela 1 – Principais características e diferenças do luto e da melancolia

CARACTERÍSTICA	LUTO	MELANCOLIA
Natureza	Reação natural	Transtorno mental
Intensidade dos sintomas	Leve a moderada	Moderada a grave
Foco	Objeto perdido	Eu
Duração	Limitada	Indeterminada
Resolução	Possível com tempo e apoio	Requer tratamento profissional

Fonte: a autora

O luto tem sua energia focada no objeto ou na pessoa perdida e tende a diminuir em intensidade com o tempo. Com apoio e paciência, é possível superar o luto e seguir em frente com a vida.

A melancolia é caracterizada por uma concentração de energia negativa voltada para si mesmo, manifestando-se por meio de sentimentos de desvalorização, culpa e autodepreciação. Essa condição pode se prolongar indefinidamente se não for tratada adequadamente, exigindo a intervenção de um profissional, como a psicoterapia e/ou o uso de medicamentos.

Compreender as diferenças entre o luto e a melancolia é imprescindível para garantir que o apoio e o tratamento oferecidos sejam adequados às necessidades de quem os vivencia. O luto, sendo uma resposta natural e temporária à perda, tende a se resolver gradualmente com o passar do tempo e com o suporte social. Em contrapartida, a melancolia, por se tratar de um transtorno mental, requer intervenção profissional para que o indivíduo possa superá-la. Reconhecer essas distinções é indispensável para proporcionar um cuidado mais funcional e apropriado.

SOBRE ESTADO EMOCIONAL

O estado emocional afeta profundamente tanto a mente quanto o corpo. A dor causada pela perda pode gerar mudanças físicas notáveis, alterando o funcionamento orgânico. A contínua interação entre mente e corpo pode impactar funções como a digestão e a circulação, refletindo o peso do sofrimento emocional.

É possível que você já tenha percebido, ou esteja sentindo, alguns desses efeitos físicos, que muitas vezes acompanham momentos de luto ou angústia.

A figura a seguir ilustra algumas das manifestações físicas mais comuns decorrentes dos sentimentos vivenciados durante o luto.

Ao longo do tempo, é comum que esses sintomas diminuam. Contudo, não há um prazo definido para que isso ocorra, pois a duração pode variar de acordo com as particularidades de cada pessoa.

Por esse motivo, recomenda-se procurar o auxílio e a orientação de um psicólogo de confiança, com o objetivo de esclarecer eventuais dúvidas e obter o direcionamento apropriado.

AMBIVALÊNCIA E IDENTIFICAÇÃO

No tecido complexo das relações humanas, dois conceitos interligados – ambivalência e identificação – desempenham papéis fundamentais, influenciando a forma de se conectar com o mundo e com os outros.

A ambivalência é o estado emocional em que coexistem sentimentos opostos em relação a uma pessoa, um objeto ou uma situação, gerando um conflito interno. Já a identificação é o processo pelo qual o indivíduo se alinha a outra pessoa ou grupo, incorporando aspectos de suas características, seus valores ou comportamentos como parte de sua própria identidade.

Quando correlacionados com o luto, esses conceitos ganham uma nova dimensão, pois o luto é um momento em que os sentimentos de ambivalência podem se manifestar de maneira intensa, enquanto a identificação pode moldar a forma de lidar com a perda e construir a narrativa de luto.

Durante o processo de luto, é comum experimentar ambivalência em relação ao ente querido que foi perdido. Pode-se sentir amor e carinho por todas as lembranças e momentos compartilhados com a pessoa falecida, enquanto, por outro lado, pode-se experimentar raiva, ressentimento ou até mesmo culpa por coisas não ditas ou não resolvidas. Essa coexistência de sentimentos contraditórios gera um intenso conflito interno, dificultando o processo de luto e causando angústia emocional.

Por sua vez, a identificação no contexto do luto pode ocorrer de várias maneiras. O enlutado se identifica com o falecido ao internalizar suas características, seus valores e ensinamentos, buscando honrar sua memória e preservar seu legado. É possível também se identificar com outros enlutados, compartilhando experiências e encontrando conforto na compreensão mútua. No entanto, essa identificação também pode ser um fator complicador, especialmente se o enlutado estiver preso em um estado de luto prolongado devido à forte ligação emocional com o falecido.

A ambivalência pode afetar profundamente a experiência do luto. Sentimentos contraditórios, como amor e raiva pelo ente querido falecido, podem provocar um desconforto emocional que dificulta a aceitação e a adaptação à perda. Ao mesmo tempo, a identificação com o falecido ou com outros enlutados exerce influência tanto positiva quanto negativa no processo de luto. Caso o enlutado se identifique excessivamente com o falecido, poderá ter dificuldades para seguir em frente e reconstruir sua vida. Em contraste, ao se identificar com outros enlutados, pode encontrar apoio e acolhimento, facilitando o enfrentamento da perda.

Uma pessoa enlutada pode vivenciar a ambivalência ao sentir saudade do ente querido, mas, ao mesmo tempo, nutrir ressentimento por desentendimentos, palavras não ditas ou ações não realizadas durante a vida do falecido. Um filho que perdeu um dos pais tende a se identificar fortemente com o progenitor falecido, incorporando seus valores e comportamentos como uma maneira de manter viva sua memória. Já um viúvo, por sua vez, muitas vezes se vê dividido entre o desejo de seguir em frente e a culpa ao considerar a possibilidade de um novo relacionamento, evidenciando a ambivalência característica do processo de luto.

Para lidar com essa ambivalência e a identificação durante o luto, é imprescindível:

Reconhecer e aceitar os sentimentos contraditórios como parte natural do processo de luto;

Buscar compreender a origem desses sentimentos ambivalentes, seja por meio de terapia, conversas com amigos ou autorreflexão;

Desenvolver uma narrativa de luto que integre todas as facetas do relacionamento com o falecido, incluindo os aspectos positivos e negativos;

Encontrar formas saudáveis de expressar e processar os sentimentos ambivalentes, como escrever em um diário, fazer terapia ocupacional, praticar atividades artísticas ou participar de grupos de apoio;

Buscar ajuda profissional se os sentimentos ambivalentes estiverem causando um impacto relevante na rotina de vida diária ou no bem-estar emocional.

No processo de luto, a ambivalência e a identificação exercem influências complexas e interligadas, impactando profundamente a forma como o indivíduo lida com a aceitação e a adaptação à perda. Ao compreender esses fenômenos, é possível adotar estratégias mais saudáveis para enfrentar os sentimentos conflitantes que surgem, permitindo que a memória do falecido seja respeitada enquanto se busca avançar na própria trajetória de vida.

O LUTO COMPLICADO

Embora o luto seja um processo natural e necessário para lidar com a perda, em certos casos, pode se complicar e prolongar, impactando diversas áreas da vida do enlutado. Em situações mais graves, o luto pode evoluir para a melancolia, o que dificulta a adaptação e a superação.

As características do luto complicado são sintomas persistentes, que incluem tristeza profunda, raiva intensa, culpa incapacitante, pensamentos recorrentes sobre o falecido, desânimo, desinteresse em atividades, além de alterações no sono e no apetite. Esses sintomas podem gerar uma sensação de incapacidade de seguir em frente, dificuldade em se adaptar à nova realidade, isolamento social e negligência das responsabilidades, o que resulta em prejuízos consideráveis na vida pessoal, profissional e social do indivíduo.

No campo da psicologia, o luto é caracterizado pela intensidade e pela persistência de sintomas que o tornam complexo e severo. A imagem a seguir ilustra as principais características do luto complicado, evidenciando sintomas intensos e persistentes que impactam na vida cotidiana, como o isolamento social, as dificuldades de adaptação, o risco aumentado de desenvolvimento de transtornos mentais, a persistência de laços com o ente falecido e a dificuldade de encontrar um novo significado na vida:

01 SINTOMAS PERSISTENTES E INTENSOS

Os sintomas de tristeza, desesperança, raiva, culpa e ansiedade são mais pronunciados e duradouros do que no luto comum. Essas emoções podem ser tão avassaladoras que impedem a pessoa de encontrar alívio ou consolo mesmo após um período considerável de tempo desde a perda.

02 PREJUÍZO SIGNIFICATIVO NA VIDA DIÁRIA

As emoções intensas associadas ao luto complicado podem interferir na capacidade da pessoa de funcionar normalmente em suas atividades diárias. Isso inclui dificuldade em trabalhar, estudar, manter relacionamentos interpessoais e cuidar de si mesma.

03 ISOLAMENTO SOCIAL E DIFICULDADE DE ADAPTAÇÃO

Pessoas que sofrem com luto complicado muitas vezes se sentem isoladas e desconectadas dos outros. Elas podem evitar o contato com amigos e familiares, se recusar a participar de eventos sociais e se isolar em casa. Além disso, têm dificuldade em se adaptar a mudanças na rotina e na vida sem a presença do ente querido perdido.

04 RISCO AUMENTADO DE DESENVOLVIMENTO DE TRANSTORNOS MENTAIS

O luto complicado está associado a um risco de desenvolvimento de transtornos mentais, como depressão, ansiedade e transtorno de estresse pós-traumático (TEPT). Esses transtornos podem agravar ainda mais os sintomas do luto e dificultar o processo de recuperação.

05 PERSISTÊNCIA DE LAÇOS AFETIVOS COM O FALECIDO

Em muitos casos de luto complicado, a pessoa tem dificuldade em se separar emocionalmente do falecido. Ela pode continuar a se sentir profundamente ligada à pessoa perdida e a experimentar uma dor intensa e prolongada pela sua ausência.

06 DIFICULDADE EM ENCONTRAR SIGNIFICADO NA PERDA

Uma das características do luto complicado é a dificuldade em encontrar significado na perda e em integrá-la à narrativa pessoal. Isso pode levar a um sentimento de desesperança e desamparo, tornando ainda mais difícil encontrar um sentido para sua vida após o decorrido.

Diversos fatores de risco podem contribuir para o desenvolvimento do luto complicado, como a ocorrência de uma morte súbita ou traumática, uma relação complexa com o falecido, a falta de apoio social e um histórico de problemas de saúde mental, como depressão, ansiedade e transtornos de personalidade.

Fica evidente então que o luto complicado representa uma experiência de grande complexidade e desafio, exigindo intervenções apropriadas e suporte especializado para promover o adequado processo de superação.

A psicoterapia, seja individual ou em grupo, tem o potencial de ajudar a pessoa a processar a perda, lidar com os sentimentos de luto e desenvolver mecanismos de adaptação. Participar de grupos de apoio pode oferecer conforto e suporte emocional ao possibilitar o compartilhamento de experiências com indivíduos que vivenciam situações semelhantes.

Em alguns casos, medicamentos como antidepressivos ou ansiolíticos são prescritos pelo médico para aliviar os sintomas e melhorar a qualidade de vida.

Entre esses recursos citados, é sempre importante que a pessoa busque ajuda profissional se os sintomas do luto forem muito intensos, causarem prejuízos na rotina diária e durarem mais de seis meses.

Cabe salientar que é importante não se culpar pelos sentimentos de tristeza, raiva ou pesar durante o luto, pois são reações naturais diante da perda. Trata-se, portanto, de uma experiência pessoal sem tempo definido para superação. Por isso, torna-se essencial o autocuidado por meio de hábitos saudáveis e o apoio de familiares, amigos ou grupos, a fim de evitar o surgimento do luto complicado.

O luto complicado é uma condição que impacta muitas pessoas e constitui um problema de saúde mental que necessita de intervenção terapêutica adequada. Felizmente, há tratamentos que podem auxiliar o indivíduo a superar a perda e a recuperar a qualidade de vida. Falar sobre o assunto e buscar apoio são passos fundamentais para enfrentar esse período doloroso com resiliência e esperança!

QUANDO BUSCAR AJUDA?

Embora seja você a pessoa mais qualificada para avaliar suas próprias necessidades, a seguir são apresentados alguns sinais de alerta que indicam a necessidade de buscar apoio especializado.

- Dificuldade em realizar atividades básicas de autocuidado, como alimentação e higiene pessoal;
- Persistente e extrema dificuldade em aceitar a realidade e visualizar um futuro além da perda;
- Tristeza profunda e constante que perdura ao longo do tempo;
- Ocorrência frequente de doenças físicas;
- Falta de interesse em interagir com amigos e familiares;
- Sentimento de indiferença constante;
- Comportamento agressivo nas relações interpessoais;
- Adoção de comportamentos autodestrutivos;
- Pensamentos recorrentes sobre a morte.

O LUTO E SEU PRAZO DE VALIDADE

Como o luto é uma resposta natural à perda, caracteriza-se como um processo intrinsecamente complexo e multifacetado. Estabelecer um limite de tempo para sua superação é prejudicial e ineficaz, considerando que cada pessoa o vivencia de forma única e não linear.

Primeiramente, é necessário reconhecer que o luto é um processo singular, cuja duração e intensidade diferem entre os indivíduos. Fatores como a trajetória de vida, a relação com o ente falecido e a rede de apoio social influenciam diretamente a maneira como cada pessoa lida com a perda. Assim, não existe um padrão único ou uma cronologia específica para o luto.

As emoções vivenciadas durante o luto são diversas e podem abranger tristeza, raiva, culpa, medo e solidão, manifestando-se de maneiras distintas e em diferentes momentos. Esses sentimentos não seguem um padrão rígido, e estabelecer um prazo para a superação do luto pode resultar em pressão indevida sobre o indivíduo, gerando frustração, inadequação e culpa por não se sentir preparado para seguir em frente.

Um luto saudável exige a vivência plena da dor, sem reprimi-la, acompanhada de práticas de autocuidado, como uma alimentação equilibrada, atividade física regular e manutenção de um sono adequado. Ademais, compartilhar a experiência da perda com pessoas próximas ou profissionais de saúde mental pode ser altamente necessário e benéfico, auxiliando no processamento emocional e na construção de sentido.

É imprescindível respeitar o ritmo singular de cada indivíduo e evitar a autocrítica excessiva, compreendendo que cada pessoa lida com a perda de maneira única. Quando necessário, o apoio emocional e profissional deve ser buscado para auxiliar nesse período. A aceitação da complexidade e da individualidade do luto sem cobranças internas propicia uma recuperação autêntica e duradoura.

O LUTO INFANTIL

O luto infantil é um processo complexo que afeta de maneira substancial o bem-estar emocional das crianças.

Quando uma criança vivencia a perda de um ente querido, como pai, mãe, irmão ou pessoa próxima, ela enfrenta desafios emocionais consideráveis, o que a torna mais suscetível ao desenvolvimento de distúrbios psiquiátricos.

O estresse emocional causado pela perda é um dos principais fatores que contribuem para o agravamento da condição, sendo desencadeado por emoções intensas como tristeza, raiva, ansiedade e culpa. Em crianças, o impacto causado é ainda mais profundo, pois interfere diretamente no desenvolvimento emocional e cognitivo, especialmente devido à dificuldade de compreender a morte.

A ausência de um adequado processamento dessas emoções aumenta a vulnerabilidade psicológica, potencializando o risco de evolução para distúrbios mentais mais graves.

Outro aspecto a ser destacado é o impacto do luto na dinâmica familiar. A perda de um membro da família é capaz de alterar imensamente a estrutura e o funcionamento da estrutura familiar, aumentando o estresse e a disfunção no ambiente doméstico. Isso pode criar um contexto desfavorável para o bem-estar emocional da criança e aumentar o risco de desenvolvimento de distúrbios psiquiátricos. Estes incluem depressão, ansiedade, transtorno de estresse pós-traumático (TEPT), transtorno de ajustamento e até mesmo transtornos do comportamento. Tais distúrbios manifestam-se de diferentes maneiras, como mudanças no humor, distúrbios do sono e da alimentação, dificuldades de concentração, comportamentos agressivos ou retraídos, entre outras formas.

É preciso que os pais, cuidadores e profissionais de saúde estejam atentos aos sinais de sofrimento emocional nas crianças enlutadas e ofereçam o suporte necessário.

Esse apoio consiste em ofertar ajuda de um profissional de saúde mental qualificado, a realização de terapia individual ou familiar, oferecimento de um ambiente seguro e amoroso para expressar emoções, promoção de atividades de apoio e auxílio ao desenvolvimento de estratégias saudáveis de enfrentamento.

O luto infantil está relacionado a diversas perturbações mentais devido ao impacto emocional e familiar provocado pela perda. Reconhecer e atender adequadamente às necessidades emocionais das crianças enlutadas previne o surgimento de transtornos mentais e assegura seu bem-estar.

As figuras 8, 9 e 10 ilustram as principais intervenções voltadas para crianças enlutadas. Essas ações terapêuticas são essenciais para auxiliar no processo de luto e fomentar a saúde mental da criança, atendendo de maneira eficaz às suas necessidades emocionais.

INTERVENÇÕES TERAPÊUTICAS PARA CRIANÇAS

Terapia individual: possibilita um trabalho individualizado com os sentimentos e pensamentos da criança, utilizando brinquedos lúdicos adequados a todas as idades como ferramenta terapêutica.

Terapia em grupo: oferece à criança a oportunidade de se conectar com outras crianças.

Terapia ocupacional: é realizado o trabalho terapêutico com o uso de arteterapia, atividades lúdicas e criativas para facilitar a expressão emocional. Essa abordagem promove o desenvolvimento de habilidades de enfrentamento e ajuda as crianças a compreender e processar a perda. Facilita a expressão emocional e o processamento da perda por meio da arte.

DICAS PARA AUXILIAR CRIANÇAS ENLUTADAS

A seguir, são apresentadas orientações estratégicas para ajudar crianças a enfrentar o processo de luto.

Paciência e compreensão: reconhecer que o luto é um processo lento e doloroso.

Expressão de sentimentos: permitir que a criança expresse sua tristeza e raiva sem julgamentos.

Apoio e conforto: demonstrar que você está presente e disponível para oferecer suporte.

Rotina regular: manter uma rotina familiar pode proporcionar segurança e estabilidade.

Memórias da pessoa falecida: compartilhar histórias e lembranças positivas da pessoa que faleceu.

Atividade física: a prática de exercícios físicos pode ajudar a reduzir o estresse e melhorar o humor.

Yoga, meditação: técnicas de relaxamento podem auxiliar a criança a lidar com a ansiedade e a tristeza.

Apoio espiritual: o apoio de um líder religioso, participação em uma igreja pode ser importante para algumas famílias.

Psicoterapia: Tratamento que utiliza técnicas psicológicas para ajudar na compreensão e resolução de problemas emocionais.

Terapia ocupacional: Intervenção por meio de atividades que desenvolvem habilidades e auxiliam na adaptação às mudanças do luto.

CAPÍTULO II

ABORDAGENS TEÓRICAS SOBRE O LUTO

O processo de elaboração do luto envolve um desinvestimento gradual das energias emocionais vinculadas à imagem da pessoa falecida. Esse percurso permite ao enlutado reconciliar a ausência do ente querido com suas representações internas, favorecendo a reconstrução do significado da perda.

(Eliane Malaquias)

Há diversas abordagens teóricas que buscam compreender o luto, cada uma oferecendo uma perspectiva particular sobre sua natureza e os impactos que exerce sobre as pessoas. Entre as mais comuns, destacam-se:

A abordagem psicodinâmica: entende o luto como um processo de assimilação da perda. Nessa perspectiva, envolve aceitar a realidade da ausência, expressar o sofrimento e encontrar novos modos de se conectar com o mundo sem a presença da pessoa falecida.

A abordagem cognitivo-comportamental: compreende o luto como um processo de ajuste a uma nova realidade. Essa visão envolve a transformação de pensamentos e comportamentos negativos relacionados à perda, além de promover o desenvolvimento de novas estratégias de enfrentamento.

A abordagem humanista: enxerga o luto como um processo de crescimento pessoal e transformação. Nessa perspectiva, o luto envolve a exploração das emoções e vivências relacionadas à perda, o desenvolvimento de uma nova percepção de si mesmo e do mundo, além da criação de novos significados na vida.

Não há uma abordagem teórica universal que funcione igualmente para todos. A abordagem mais eficaz para cada indivíduo pode variar conforme diversos fatores, como suas crenças, características pessoais e vivências anteriores relacionadas à perda.

RECONHECENDO OS DIFERENTES TIPOS DE LUTO E SUAS PARTICULARIDADES

Entre os tipos de luto que podem ser vivenciados, destacam-se algumas categorias de perdas que são possíveis de serem enfrentadas ao longo da vida.

O luto pela perda de um ente querido é, sem dúvida, o mais amplamente reconhecido e comum. Ele se manifesta pela morte de alguém próximo, seja um familiar, amigo ou colega. A profundidade dessa dor pode ser imensa, e seus efeitos, muitas vezes, perduram por longos períodos, influenciando profundamente o estado emocional e a vida daqueles que ficam.

Nesse contexto, amplamente compreendido como o mais frequente e doloroso, o luto exige um processo de aceitação e adaptação à nova realidade sem a presença física da pessoa que se foi. A terapia de luto, ao proporcionar um ambiente seguro para a expressão das emoções, com o apoio de amigos e familiares e a criação de rituais de despedida, torna-se um recurso importante que pode auxiliar na superação desse momento desafiador.

A perda de um ente querido

A perda de um emprego

O fim de um relacionamento

A perda de um animal de estimação

A descoberta de uma doença

A perda de um membro do nosso corpo

A psicoeducação também desempenha um papel importante, ajudando o enlutado a compreender que não há um prazo definido para a superação e que todas as emoções são válidas nesse período.

Outro tipo marcante de luto é aquele decorrente do fim de um relacionamento. Nessa situação, a dor surge com o término de uma conexão emocional intensa, seja por divórcio ou separação. Esse tipo de perda pode ser igualmente devastador e prolongado, impactando não apenas a pessoa diretamente afetada, mas também as pessoas próximas, que muitas vezes compartilham das consequências emocionais dessa ruptura.

A superação desse tipo de luto exige autoconhecimento, uma análise cuidadosa dos padrões de relacionamentos, a exploração de novos interesses e a criação de novos vínculos. Compreender que o término de uma relação pode desencadear um processo de luto comparável à perda de uma pessoa querida é importante, permitindo assim o pleno processamento das emoções que surgem nesse período.

O luto decorrente da perda de um emprego, embora menos evidente, é igualmente legítimo. A ausência de uma fonte de sustento pode comprometer tanto a identidade quanto a autoestima, desencadeando um processo de luto que muitas vezes se revela difícil e prolongado. A superação dessa circunstância requer uma cuidadosa revisão dos objetivos pessoais e profissionais, além da busca por suporte especializado.

A capacidade de adaptação e a resiliência são fundamentais nesse percurso, auxiliando na superação dos obstáculos impostos pela mudança de trajetória e na reconstrução da vida profissional. Compreender que a perda de um emprego afeta diversos aspectos da existência é imprescindível para encontrar o apoio emocional e prático nesse momento de transição.

De maneira semelhante, a perda de uma capacidade física, como a de um membro, ou de uma habilidade mental importante pode gerar um luto específico. Adaptar-se a uma nova condição, em que a independência e a autonomia são afetadas, configura uma trajetória desafiadora e emocionalmente intensa.

A revelação de uma doença degenerativa e incurável provoca um impacto profundo na vida de todos os envolvidos, iniciando um processo de luto antecipatório. O diagnóstico de condições como Alzheimer ou câncer em estágio paliativo desperta uma intensa gama de emoções, tanto no paciente quanto em seus familiares e amigos. Nesse contexto, a rede de apoio formada por esses entes próximos assume um papel essencial, oferecendo suporte emocional indispensável para enfrentar os desafios impostos por essa realidade.

Embora a dor seja intensa e os obstáculos pareçam intransponíveis, é essencial reconhecer que ninguém precisa enfrentar o luto sozinho. Existem recursos e pessoas prontas para oferecer suporte nesse momento difícil. Ao encarar esses desafios com determinação e buscar a ajuda necessária, é possível encontrar sentido na jornada e continuar adiante.

Outro tipo de luto é aquele enfrentado pela perda de um sonho, sendo menos discutido, porém igualmente profundo. Quando um objetivo significativo não é alcançado, o sentimento de perda pode ser devastador, atingindo diretamente as expectativas e aspirações de vida.

A adaptação e a aceitação são essenciais ao longo desse processo, acompanhadas pelo adequado suporte médico e terapêutico. É de suma importância reconhecer e verbalizar as emoções decorrentes da perda, assim como direcionar o foco para as possibilidades que ainda existem, aproveitando ao máximo as capacidades que permanecem.

Lidar com o luto não segue um roteiro específico ou uniforme, pois cada pessoa vivencia essa experiência de forma particular, influenciada por suas experiências, cultura e estado emocional. Durante esse processo, permitir-se sentir e expressar as emoções é um caminho natural, e buscar apoio alivia o peso da jornada.

Amigos, familiares e profissionais de saúde mental oferecem um ambiente acolhedor, favorecendo a partilha de sentimentos e auxiliando na superação desse período desafiador.

Ao vivenciar o luto, é necessário ser gentil consigo mesmo e aceitar a vulnerabilidade como parte da experiência. O luto, em sua essência, traduz o amor e o vínculo que permanecem, e, com o tempo, a serenidade e a aceitação surgem, trazendo conforto.

TEORIA DO APEGO, LUTO E AS SUAS DEFINIÇÕES

A Teoria do Apego, originada na década de 1950 por John Bowlby, é uma abordagem da psicologia do desenvolvimento que explica a dinâmica das relações humanas ao longo da vida. Fundamentada na premissa de que os seres humanos são intrinsicamente sociais, essa teoria ressalta a necessidade de vínculos afetivos para o desenvolvimento saudável e a sobrevivência.

Bowlby (1969, 1980) acreditava que os seres humanos nascem com uma predisposição para formar vínculos afetivos com outras pessoas. Esses vínculos são chamados de "apegos" e são fundamentais para o desenvolvimento emocional e social saudável.

Os primeiros laços de apego são formados com os cuidadores principais, geralmente os pais ou adultos responsáveis pelos cuidados da criança. Esses vínculos desempenham um papel crucial, pois oferecem segurança, conforto e apoio, além de serem fundamentais para que a criança aprenda a regular suas emoções e desenvolva habilidades de relacionamento com outras pessoas.

Se os primeiros vínculos de apego são seguros, a criança desenvolverá uma visão positiva de si mesma e do mundo. Ela também será capaz de formar relacionamentos saudáveis e duradouros com outras pessoas.

No entanto, se os primeiros vínculos de apego são inseguros, a criança pode desenvolver uma visão negativa de si mesma e do mundo e terá dificuldades de formar relacionamentos estáveis na fase adulta.

A Teoria do Apego tem sido amplamente aplicada para compreender o desenvolvimento emocional e social das crianças, além de oferecer conhecimento sobre problemas de saúde mental, como depressão e ansiedade.

No contexto do luto, essa teoria esclarece as dinâmicas emocionais envolvidas na experiência da perda. A ruptura do vínculo provoca uma profunda dor emocional, já que a pessoa enlutada perde uma fonte vital de suporte, segurança e afeto.

Bowlby (1969, 1980) defendia que o luto é uma reação natural à perda de um ente querido. Esse processo permite à pessoa despedir-se emocionalmente e ajustar-se à nova realidade imposta pela ausência do ser amado.

O vínculo de apego formado com a pessoa falecida, conforme abordado pelo autor, influencia a intensidade e a natureza da dor sentida durante o luto. A qualidade desse apego pode impactar a forma como a pessoa enlutada processa a perda, lidando com sentimentos de tristeza, solidão e desamparo.

John Bowlby (1980) delineou as fases do luto em sua obra, enfatizando a relevância de vivenciar essas etapas para uma superação saudável. As fases propostas são:

Fase de entorpecimento: caracterizada por choque, entorpecimento e descrença. Pode durar de algumas horas a vários dias, com possíveis explosões de raiva ou aflição intensa.

Fase de anseio e protesto: marcada por sentimentos de saudade, busca pela pessoa perdida e protesto contra a realidade da perda.

Fase de desorganização e desespero: envolve sentimentos de desespero, tristeza profunda e desorganização emocional.

Fase de reorganização: nessa etapa, sentimentos mais positivos começam a surgir, e a pessoa enlutada começa a reconstruir sua vida e identidade, retomando a independência e abrindo-se para novas experiências.

A travessia pelas fases do luto facilita a compreensão das emoções, a aceitação da perda e a retomada gradual da vida. O impacto do luto é profundamente influenciado pela qualidade dos laços de apego formados ao longo da existência, moldando a forma como o indivíduo enfrenta e processa a dor da ausência.

Indivíduos que desenvolveram vínculos seguros e confiáveis tendem a ser mais resilientes, possuindo mais recursos emocionais para enfrentar a dor emocional. Em contrapartida, aqueles com laços instáveis ou inseguros frequentemente encontram mais dificuldades ao lidar com o luto, estando mais vulneráveis a desenvolver desordens psicológicas.

Convém destacar que o luto é uma experiência única para cada pessoa, sem um cronograma rígido. As etapas propostas para o processo de luto servem apenas como um guia para facilitar o entendimento das emoções, não devendo ser interpretadas como uma sequência obrigatória.

A Teoria do Apego sublinha a importância dos vínculos afetivos no processo de superação do luto. O apoio fornecido por pessoas próximas proporciona estabilidade emocional, essencial para o enfrentamento da dor e para a adaptação à nova realidade.

Dessa forma, a existência de relações sólidas e de um suporte social adequado se revela determinante para auxiliar o enlutado a superar a perda e reestruturar sua vida de maneira saudável.

AS FASES DO LUTO SEGUNDO ELIZABETH KÜBLER-ROSS

A obra de Elizabeth Kübler-Ross (2017) sobre *a morte e o morrer* apresenta uma compreensão acerca dos estágios emocionais do luto. Lembrando que as fases não ocorrem necessariamente nesta ordem e dependem de como o indivíduo os vivencia.

Na primeira fase, denominada **negação**, a autora afirma que, ao ser confrontado com a notícia de uma doença potencialmente fatal ou a perda de alguém, o indivíduo manifesta uma defesa diante da morte ou da possibilidade iminente de falecimento, reagindo por meio da negação da realidade comunicada. Esse comportamento permite que o sujeito ganhe tempo para, de forma gradual, mobilizar seus recursos emocionais e enfrentar a situação. Trata-se de um mecanismo temporário e funcional, que tende a ser substituído por uma aceitação parcial (Kübler-Ross, 1998).

Na próxima fase, descrita como **raiva**, ocorrem as atitudes de revolta, fúria, inveja e ressentimento dirigidas principalmente a familiares, amigos, divindades e equipe de saúde.

Essa fase exige da equipe equilíbrio, tolerância e compreensão de que se trata de uma manifestação de sofrimento psíquico. A pessoa aflita necessita de escuta e aceitação, e é preciso cuidado para não interpretar o que foi dito como ofensa pessoal (Kübler-Ross, 1998).

Na terceira fase, **barganha**, a pessoa se utiliza da estratégia de negociar o prolongamento da vida, o que se manifesta por atitudes como doar bens, comparecer regularmente à igreja, fazer promessas, como não repetir determinados comportamentos caso tenha seu pedido atendido. Recomenda-se que a equipe estabeleça a comunicação para que a pessoa possa expressar dúvidas, ansiedades, desejos, visando à elaboração da perda passada ou iminente (Kübler-Ross, 1998).

Encontra-se descrita como a quarta fase a **depressão**, em que se inicia um período de silêncio externo e interno, com sinais de retraimento, desesperança, retardo psicomotor, perturbações do sono e da alimentação. Kübler-Ross (1998) recomenda que sejam respeitados os momentos de silêncio.

Por fim, a **aceitação** é a fase em que a pessoa é capaz de falar serenamente sobre seus sentimentos e a inevitabilidade da morte, precisando de um profissional de saúde capacitado para lidar com a finitude da vida, o que vai muito além do cuidado com o corpo.

Para tais fases, não há uma ordem ou cronologia para a ocorrência, e a pessoa pode vivenciar mais de uma delas, concomitantemente, num mesmo período ou até mesmo não experienciar algumas (Kübler-Ross, 1998). O acompanhamento psicológico torna-se essencial para que o indivíduo possa elaborar seu luto de maneira adequada. Dessa forma, evita-se o risco de desenvolver um luto patológico ou de permanecer em estados de melancolia e depressão. Assim, o luto se desfaz no seu próprio tempo, sem pressa.

É IMPORTANTE SABER...

> Não compare seu processo de luto com o de outras pessoas. Cada indivíduo vive o luto de maneira singular. Não há uma forma "correta" ou "incorreta", nem existe uma sequência rígida para seguir. Embora existam fases reconhecíveis e uma possível progressão ao longo do tempo, é essencial lembrar que o luto é uma experiência única e pessoal.
>
> Eliane Malaquias

> Tenha em mente que trabalhar o luto não implica apagar ou esquecer a pessoa que se foi, mas sim aprender a conviver com a ausência e as lembranças do seu ente querido sem sofrer com a intensidade da dor.
>
> Eliane Malaquias

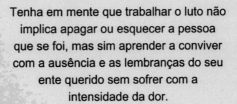

PAUSA PARA REFLEXÃO

Agora é um momento oportuno para fazer uma pausa e ponderar sobre tudo que foi discutido até este ponto.

PROCESSO DO LUTO – MEDIADORES DO LUTO

O trabalho de J. W. Worden (2008) sobre o processo do luto e seus mediadores oferece compreensão valiosa sobre como enfrentar e superar a perda de um ente querido.

O autor ressalta as tarefas do luto e os mediadores, isto é, os diversos fatores que afetam a forma com que cada indivíduo vivencia e processa uma perda.

Em sua análise sobre os mediadores, reconhece a variedade de reações e comportamentos que podem ocorrer durante o luto, observando que, para alguns, a experiência pode ser extremamente intensa, enquanto para outros é mais branda. As respostas individuais variam consideravelmente, e reconhecer essas diferenças é fundamental para proporcionar um apoio adequado e empático às pessoas em luto.

Vivenciar o luto de forma ativa é parte indeclinável da superação. Isso inclui permitir-se sentir plenamente as emoções ligadas à perda, buscar apoio emocional, homenagear a memória do ente querido e cuidar de si mesmo. Ao enfrentar o luto ativamente, a pessoa tem a oportunidade de processar a dor, atribuir um novo significado à perda e iniciar o processo de reconstrução de sua vida.

Por meio de sua análise, Worden (2009) reconhece a ampla variedade de reações e comportamentos durante o luto. Isso se deve ao fato de que existem grandes diferenças individuais, portanto, esse entendimento propicia oferecer um suporte adequado e sensível às necessidades de cada enlutado.

Vivenciar o luto de maneira ativa, conforme aponta Worden (2009), envolve o enfrentamento das emoções decorrentes da perda, a busca por apoio emocional, a preservação da memória do ente querido e o cuidado consigo mesmo. Esse processo permite que o enlutado atribua um novo significado à sua perda, transformando a dor.

Dessa maneira, o teórico enfatiza a importância de uma abordagem empática e personalizada, indispensável para oferecer um apoio genuíno a quem enfrenta o delicado processo do luto.

SOBRE O ENFRENTAMENTO NO PROCESSO DE LUTO

No âmbito do processo de luto, o termo "enfrentamento" refere-se às diferentes estratégias e métodos adotados para lidar com a dor e o sofrimento. Trata-se de uma postura fundamental para a elaboração e a superação de uma perda significativa.

O enfrentamento possibilitará a superação da adversidade e a adaptação, permitindo ao enlutado seguir adiante. Isso não significa esquecer, mas sim desenvolver a capacidade de continuar a vida, mesmo diante da perda vivida.

ABORDAGEM PSICANALÍTICA E SUAS ESTRATÉGIAS PARA LIDAR COM O LUTO

A Psicanálise proporciona uma compreensão aprofundada do luto, reconhecendo-o como um processo complexo e único para cada indivíduo, influenciado por diversos aspectos da mente humana. Para facilitar a elaboração da perda e a reconstrução da vida, essa abordagem sugere estratégias que busquem promover uma melhor compreensão e aceitação do luto em suas diversas dimensões.

Na ótica psicanalítica, o luto transcende a mera tristeza pela perda de um ente querido; trata-se de um processo psíquico profundo que demanda a reestruturação interna do indivíduo e a reorganização de seus investimentos afetivos.

Segundo Freud (1996d), o luto envolve a realização de um "trabalho de luto", composto por três etapas fundamentais:

- Reconhecimento da realidade da perda: fase inicial em que o indivíduo confronta a dura realidade, aceitando a morte do ente querido e a quebra do vínculo afetivo que os ligava;

- Elaboração das emoções dolorosas: segue-se uma fase marcada pela expressão e vivência das emoções negativas associadas à perda, como tristeza, raiva, culpa e desespero;

- Desapego da pessoa perdida: finalmente, o indivíduo precisa gradativamente desinvestir emocionalmente na pessoa perdida, redirecionando sua libido[2] para novos objetos e relações.

PSICANÁLISE PARA ENFRENTAR O LUTO

A Psicanálise, desenvolvida por Sigmund Freud, oferece uma compreensão detalhada do luto. Ao longo do tempo, essa abordagem reuniu diversas estratégias e técnicas voltadas a ajudar os indivíduos a enfrentar esse processo desafiador e complexo.

Por meio do *setting* terapêutico, o indivíduo enlutado encontra um espaço seguro para expressar suas emoções

---

[2] Na psicanálise, a libido é entendida como a energia que move nossos desejos e impulsos de vida, como a vontade de criar, de se conectar com outras pessoas e de buscar prazer e realização. Ela não se limita apenas à ideia de sexualidade, mas é uma força que nos motiva em várias áreas da vida, influenciando desde a busca por afeto até a criatividade e as relações pessoais.

mais profundas e explorar os conteúdos inconscientes relacionados à perda. O terapeuta atua como um facilitador no processo de trabalho de luto, oferecendo suporte e orientação ao longo do caminho.

O acolhimento e a escuta oferecidos pelo psicanalista desempenham um papel crucial no processo de luto. Ao criar um espaço seguro e sem julgamentos, o profissional permite que o enlutado expresse suas dores, dúvidas e conflitos, facilitando assim a elaboração do luto.

A relação entre paciente e terapeuta, denominada transferência e contratransferência, ocupa um papel central. Essa troca emocional é analisada ao longo do processo terapêutico, permitindo uma compreensão mais profunda das emoções do enlutado e das reações do terapeuta. A transferência ocorre quando o paciente transmite sentimentos, expectativas e padrões do relacionamento que experimentou em outras relações, geralmente no passado, sobre o terapeuta. Em situações de luto, isso pode significar que o paciente veja o terapeuta como uma figura de apoio, proteção ou até mesmo como uma representação simbólica de alguém que perdeu. Essa projeção permite que o paciente revele suas emoções mais profundas e difíceis de processar.

A contratransferência, por outro lado, é uma resposta emocional do terapeuta às projeções e aos sentimentos do paciente. Pode envolver reações conscientes e inconscientes que o terapeuta experimenta em resposta às emoções do paciente. Nesse contexto, o terapeuta precisa estar atento às suas próprias emoções para não deixar que suas próprias experiências e sentimentos influenciem sua maneira de lidar com o sofrimento do enlutado.

O trabalho de elaboração do luto, conforme delineado por Freud (1917), compreende um processo gradual de desinvestimento emocional na imagem da pessoa falecida. Essa jornada permite que a pessoa que está em luto reconcilie a ausência do ente querido com suas representações internas, promovendo uma reconstrução de significado.

A exploração das emoções e dos significados associados à perda é uma abordagem essencial. Incentivar a expressar suas emoções, seus pensamentos e significados pode facilitar a racionalização do processo de luto e auxiliar na construção de novos sentidos e narrativas em torno do evento doloroso.

Uma das principais contribuições da Psicanálise para o entendimento do luto é a exploração do inconsciente. Freud postulou que grande parte dos processos mentais que influenciam as emoções e os comportamentos ocorrem fora da consciência.

Assim, ao investigar os conteúdos do inconsciente, é possível compreender melhor as reações emocionais durante o luto, identificando mecanismos de defesa, conflitos internos e emoções reprimidas que podem surgir nesse período. Essa análise pode auxiliar o enlutado a lidar com sentimentos reprimidos, culpa não resolvida e conflitos internos relacionados à perda.

A análise dos sonhos também desempenha um papel significativo na Psicanálise do luto. Os sonhos são considerados expressões simbólicas do inconsciente e podem revelar conteúdos relevantes para o processo de luto. Ao explorar os significados dos sonhos, o indivíduo pode acessar aspectos profundos de sua experiência emocional e encontrar caminhos para a elaboração. Os sonhos ajudam a pessoa a compreender suas reações emocionais e a lidar de forma mais consciente com o sofrimento.

Outra estratégia é o resgate de memórias e significados ligados à pessoa falecida. A Psicanálise valoriza a importância das relações afetivas e das experiências passadas na construção da identidade e no enfrentamento do luto. Ao explorar esses aspectos, o indivíduo pode reconstruir sua história emocional e encontrar novos significados.

O autoconhecimento e a reflexão são aspectos essenciais na análise. Esse processo permite que o indivíduo aprofunde a compreensão de seus próprios processos emocionais e reflita sobre suas relações passadas e presentes, facilitando a elaboração da perda.

O resgate da história de vida e a valorização de memórias positivas contribuem para dar novo sentido à perda, permitindo que o enlutado integre a ausência do ente querido em sua vida. Nesse processo, a elaboração simbólica, por meio de símbolos e metáforas, ajuda a pessoa a expressar emoções profundas e facilita a aceitação. Simultaneamente, mecanismos de defesa, como a negação e a racionalização, são analisados e reinterpretados, permitindo que o ego se proteja da dor de maneira mais adaptativa, favorecendo o enfrentamento do luto.

Os grupos psicanalíticos propiciam uma compreensão mais profunda dos sentimentos e das emoções que emergem durante o luto. Nesse método, o foco não se limita ao compartilhamento de vivências, mas também à exploração dos aspectos inconscientes.

Por meio da escuta ativa e da interpretação simbólica, o facilitador ajuda os membros a identificar padrões emocionais, mecanismos de defesa e conflitos internos. A dinâmica permite que os participantes reflitam sobre suas experiências em um ambiente seguro, favorecendo uma melhor compreensão de si mesmos e do processo de luto. Essa abordagem incentiva não apenas a expressão verbal das emoções, mas também a análise profunda de seus significados, promovendo um caminho mais consciente e elaborado.

A Psicanálise oferece um conjunto de estratégias e abordagens que podem auxiliar o homem a enfrentar o luto de forma mais profunda e significativa. Ao explorar o inconsciente, a relação terapêutica, os sonhos, as memórias e os símbolos, é possível proporcionar um espaço de reflexão, entendimento e elaboração das emoções e dos significados envolvidos na experiência da perda.

Cabe ressaltar que essas estratégias psicanalíticas são flexíveis e podem ser adaptadas de acordo com as necessidades de cada pessoa em luto. O objetivo final é promover um processo de elaboração saudável e significativo, permitindo que o enlutado possa encontrar um caminho de aceitação e ressignificação.

Procurar ajuda profissional é determinante para atravessar o luto de maneira saudável. Além das abordagens psicanalíticas, existem diversas formas de enfrentar o luto, sendo crucial identificar as que melhor correspondem às necessidades pessoais do enlutado.

CAPÍTULO III

CONSTRUINDO SIGNIFICADOS E ENCONTRANDO ESPERANÇA

> *A construção de significado e a esperança são dois conceitos importantes para lidar com a dor e o sofrimento. A construção de significado permite compreender o mundo ao nosso redor e a estabelecer relacionamentos. A esperança, por sua vez, oferece a força necessária para perseverar em momentos difíceis.*
>
> (Adaptado de Viktor Frankl, 2006)

A morte consome o enlutado, drena sua energia e o desanima diante de sua inexorável realidade. É, sem dúvida, o maior dos adversários, temido na maioria das culturas ao longo do tempo. Ela retira o chão sob os pés, deixando o amargor da desilusão na garganta e a dor da separação no coração.

Sua crueldade surpreende, aprisionando o enlutado em questionamentos incessantes, sem oferecer tempo para reflexão. Embora se reconheça a inevitabilidade da morte, ninguém está realmente preparado para enfrentá-la. Com a finitude, a balança da vida se torna desigual.

Clarice Pierre (2010), especialista em cuidados para pacientes terminais, observou que desde a infância o ser humano é educado a buscar conquistas e acumular, mas raramente é ensinado a lidar com perdas. Os pais muitas vezes protegem seus filhos das decepções, mas é passando pela experiência da perda que se aprende que nada é permanente. Isso inclui desde perder em jogos até perder objetos e entes queridos.

A construção de significado e a esperança são conceitos essenciais que podem ajudar a lidar com a dor e o sofrimento. A construção de significado ajuda a entender o mundo ao redor e a se relacionar com ele. A esperança dá forças para continuar quando as situações estão difíceis.

Em sua obra *Luto e Melancolia*, Sigmund Freud ([1915]1996a) propõe que o luto é um processo de trabalho psíquico que visa à construção de significado para a perda. Ele é fundamental para a superação do luto. Por meio da reflexão sobre a perda, da lembrança do ente querido e da reinterpretação do vínculo afetivo, o indivíduo pode encontrar sentido na experiência e seguir em frente com sua vida.

Na fase de depressão, o enlutado frequentemente experimenta um profundo vazio, marcado por sentimentos de desesperança, desamparo e falta de interesse pela vida. Nesse contexto, a construção de significado se revela na busca por propósito em meio à dor. A reflexão sobre o sentido da vida e da morte, a valorização dos relacionamentos e a redescoberta de valores pessoais surgem como possíveis caminhos de esperança, trazendo luz ao difícil processo de luto.

Se você está passando por um momento de luto ou está ajudando alguém a enfrentar essa dor, seja como familiar ou profissional de saúde, é importante lembrar que, apesar de o apoio ser fundamental, a esperança precisa ser descoberta dentro de si próprio. O suporte oferecido pode criar um ambiente de acolhimento, mas apenas o enlutado poderá encontrar a força interna para enfrentar a perda e seguir em direção à superação.

Na fase de aceitação, o enlutado passa a redirecionar sua energia emocional para outras relações e atividades. Nesse estágio, a construção de significado é essencial para superar o luto. Ao se recordar do ente querido, o sujeito encontra conforto e esperança para seguir em frente.

Esse processo de construção de significado, que vai além da aceitação, envolve atribuir sentido às experiências vividas. Ele se realiza de várias formas, como pela criação de narrativas, busca de significados espirituais ou conexão com outras pessoas. Esse esforço em dar sentido à perda é um passo importante para que o indivíduo compreenda o ocorrido e encontre um caminho para prosseguir.

O compartilhamento de vivências com outros que passaram por situações semelhantes é uma ferramenta poderosa. Conversar com amigos, familiares ou participar de grupos de apoio oferece a oportunidade de dividir as dores, receber suporte emocional e adquirir novas perspectivas sobre o luto. Esse intercâmbio de experiências ajuda a enxergar possibilidades de superação, mesmo nos momentos mais desafiadores.

Ressignificar a perda e buscar propósito são estratégias fundamentais para enfrentar o luto com resiliência. Converter a dor em aprendizado e crescimento pessoal, refletir sobre os valores e as metas de vida ajuda a encontrar sentido e motivação para seguir adiante.

Portanto, a aceitação da realidade da perda é indispensável nesse processo. Reconhecer as emoções e os desafios enfrentados permite construir novos significados e encontrar esperança ao se adaptar à ausência do ente querido. Ao criar novas narrativas sobre a própria história, o enlutado pode seguir em frente, estando mais fortalecido e consciente do valor da vida.

Enfrentar o luto exige mais do que simplesmente aceitar a morte; é um processo que envolve ressignificar a dor e encontrar um novo propósito. Ao transformar essa experiência em aprendizado, o enlutado deve se permitir descobrir um caminho para seguir adiante. No entanto, é fundamental reconhecer que a aceitação da realidade, por mais difícil que seja, é o primeiro passo para dar sentido à perda.

Ao mesmo tempo, é importante elaborar novas maneiras de entender sua própria história. Isso nos fortalece emocionalmente e traz uma compreensão mais profunda sobre a vida, sem ignorar a dor, mas convivendo com ela de maneira mais leve.

Uma forma de construir significado é criar uma história sobre a perda. Isso auxilia a pessoa a entender o que aconteceu e a encontrar um sentido na experiência. Por exemplo, uma pessoa pode escrever um diário ou pode falar com um terapeuta sobre o ocorrido.

A figura a seguir ilustra algumas dicas para construir significado durante o luto. Procure realizar a atividade sugerida:

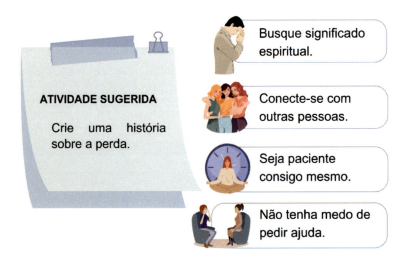

A busca por esperança durante o luto é algo que auxilia na superação da perda, assim como na construção de significado. Embora seja desafiador alcançá-la, é essencial lembrar que a esperança é sempre possível e proporciona a força necessária para perseverar. A busca por ela, por diferentes caminhos ou em cada tentativa, abre a possibilidade de novas perspectivas e renova o vigor para seguir em frente.

Ela pode ser cultivada em diversas fontes, como na natureza, na música, na arte, na literatura, na religião ou na fé, no esporte, na comunidade, bem como no apoio de amigos, familiares e profissionais de saúde mental.

A fé religiosa ou espiritual, o apoio social de amigos e familiares, as memórias positivas do ente querido e a definição de novos projetos e objetivos para a vida são fontes elementares de esperança durante o luto. Esses recursos oferecem um suporte para que o enlutado encontre sentido e propósito em sua jornada de dor e transformação.

Ao integrar essas estratégias, torna-se possível construir significados mais profundos e encontrar esperança. É por meio dessa busca e reflexão que a pessoa enlutada consegue descobrir a força necessária para enfrentar os desafios da ausência e encontrar momentos de paz e conforto genuínos, mesmo nos períodos mais difíceis.

Se você está atravessando uma fase difícil, lembre-se de que a esperança sempre existe. Ela pode ser uma aliada no enfrentamento da dor e pode te ajudar a encontrar um caminho para a recuperação emocional.

CAPÍTULO IV

ENFRENTANDO O LUTO NO CONTEXTO HOSPITALAR

> *É essencial oferecer intervenções terapêuticas que auxiliem tanto os pacientes quanto suas famílias a atravessar esse momento delicado. Estratégias como grupos de apoio, escuta individual e técnicas de relaxamento são fundamentais para proporcionar apoio psicológico durante o luto. Dependendo das necessidades de cada pessoa, também é possível entrar em contato com a religiosidade e espiritualidade ou recorrer ao uso de medicação, sempre buscando um cuidado mais personalizado e acolhedor.*
>
> *(Eliane Malaquias)*

Nos corredores labirínticos dos hospitais, onde a vida e a morte dançam em uma sinfonia de emoções e incertezas, o luto se faz presente como uma sombra silenciosa, envolvendo pacientes, familiares e profissionais de saúde em um abraço doloroso.

O luto no contexto hospitalar pode ser ainda mais desafiador por vários motivos: por que, primeiro, o ambiente pode ser estressante, o que pode dificultar o processo de luto; segundo, a morte de um ente querido em ambiente hospitalar, quando ocorre de forma inesperada e repentina, torna mais difícil a aceitação; terceiro, os profissionais de saúde frequentemente não se encontram devidamente preparados para lidar com o processo de luto vivenciado pelos pacientes e seus familiares.

Nos momentos de espera angustiante, o tempo parece ecoar mais alto do que qualquer palavra. O luto se manifesta como uma presença opressora, enchendo o ar com um misto de ansiedade, medo e tristeza.

Nos leitos hospitalares, onde a linha tênue entre a vida e a morte se torna palpável, o luto se entrelaça com a esperança. Para os pacientes enfrentando doenças graves e tratamentos dolorosos, o luto se apresenta como um companheiro constante, desafiando-os a confrontar a própria finitude e a encontrar significado em meio ao caos.

Para os familiares que acompanham seus entes queridos no hospital, o luto se manifesta como uma montanha-russa emocional, repleta de altos e baixos, esperança e desespero.

Para os profissionais de saúde que dedicam suas vidas ao cuidado, o luto se apresenta como um desafio constante, testando sua compaixão, resiliência e capacidade de enfrentar a morte.

O sofrimento emocional decorrente da culpa vivenciada por profissionais de saúde no contexto hospitalar, especialmente ao enfrentar situações de luto, é uma questão complexa e profundamente impactante. Esses profissionais são frequentemente expostos a situações de falha terapêutica, o que pode levar ao surgimento de sentimentos intensos de culpa e autocrítica, muitas vezes por não conseguirem salvar ou aliviar o sofrimento de seus pacientes.

A culpa, nesse contexto, está diretamente relacionada ao senso de responsabilidade e à empatia que os profissionais de saúde sentem na relação com seus pacientes. Quando uma tentativa de intervenção ou tratamento não resulta no sucesso esperado, mesmo diante de todos os esforços e conhecimentos aplicados, o profissional pode internalizar a ideia de que poderia ter feito mais, conduzindo um ciclo de sofrimento emocional que ultrapassa os limites do ambiente de trabalho e alcança sua saúde mental e bem-estar.

Esse sentimento de culpa, se não for especificamente abordado, pode evoluir para um estado de sofrimento psicológico, manifestando-se como sintomas de ansiedade, depressão, insônia e até mesmo *burnout*. A exposição constante à dor e à morte no contexto hospitalar pode desestabilizar a capacidade do profissional de manter uma visão clara e objetiva do seu papel, influenciando sua qualidade de vida e seu desempenho profissional.

É imprescindível que os profissionais de saúde tenham acesso a suporte psicológico, incluindo supervisão clínica, grupos de apoio e espaço para a elaboração de suas próprias emoções. Reconhecer que a morte está além do seu controle e aceitar essa realidade ao lidar com a perda pode ser o primeiro passo para evitar que o sentimento de culpa se transforme em um sofrimento. Além disso, um ambiente hospitalar que promova a cultura de autocuidado e a troca de experiências entre colegas ajuda a criar um espaço seguro onde os profissionais possam expressar suas vulnerabilidades sem medo de julgamento, favorecendo um enfrentamento mais saudável e resiliente do luto e das dificuldades.

O LUTO ANTECIPATÓRIO E OS CUIDADOS PALIATIVOS

O luto antecipatório ocorre quando uma pessoa enfrenta uma doença terminal ou a proximidade da morte. Essa vivência é extremamente difícil, mas faz parte do processo natural de lidar com a perda. Expressar sentimentos como tristeza, raiva, medo e desamparo é uma forma de aliviar o sofrimento e não deve ser reprimido.

Já os cuidados paliativos se concentram em aliviar os sintomas, proporcionando uma vida mais digna e confortável, mesmo diante de um quadro irreversível. Esse tipo de assistência é oferecido no ambiente doméstico, hospitalar ou em unidades especializadas. Para quem está enfrentando uma situação de fim de vida, o acesso a esses cuidados é essencial para atravessar esse período com mais alívio e qualidade de vida.

Os cuidados paliativos oferecem a oportunidade de viver de forma mais plena e enfrentar o luto antecipatório de maneira mais tranquila. Desfazer alguns equívocos sobre essa abordagem é necessário. Ao contrário do que muitos acreditam, esse cuidado não implica desistir ou aceitar a morte prematura, mas sim proporcionar suporte e conforto, permitindo que o paciente tenha qualidade de vida até o último instante. É uma forma de honrar a vida e preservar a dignidade, assegurando que o paciente seja tratado com respeito e compaixão em todas as etapas de sua jornada.

Com base na minha experiência como psicóloga no Hospital do Câncer de Mato Grosso (HCAN-MT), em Cuiabá, observo o quanto é valioso o acompanhamento psicológico tanto para os pacientes em cuidados paliativos quanto para seus familiares.

Durante a comunicação do diagnóstico paliativo, explicamos detalhadamente a situação aos familiares. As reações variam: alguns permanecem em negação, enquanto outros choram demonstrando tristeza, entretanto, há aqueles que compreendem e aceitam a situação.

Independentemente das reações, oferecemos o suporte necessário, acolhendo e validando todos os sentimentos que surgem ao longo do processo. O acompanhamento psicológico visa ajudar a família a lidar com a perda iminente, garantir o apoio emocional para esse momento delicado de maneira integral e humanizada.

Quando um paciente está em cuidados paliativos, os familiares recebem autorização para visitá-lo a qualquer momento, permitindo a presença constante, e isso é reconfortante. Nessas ocasiões, realizamos conversas e sessões de escuta psicológica com a família para abordar a situação do paciente paliativo, contribuindo também para o luto antecipatório.

Nos casos de pacientes sedados, orientamos os familiares a conversarem com seus entes queridos acamados, expressando palavras de amor e afeto. Esse ato de acolhimento e demonstração afetuosa proporciona um ambiente de paz e tranquilidade ao paciente, auxiliando na preparação para uma morte serena.

Superar o luto envolve um processo único para cada pessoa, exigindo atenção e cuidado. No ambiente hospitalar, o terapeuta oferece suporte emocional, o que facilita a expressão dos sentimentos dos familiares e os ajuda a compreender a situação com mais clareza. O acompanhamento psicológico contínuo proporciona à família recursos para enfrentar a perda de forma mais saudável, evitando o surgimento de problemas como depressão e ansiedade. Com uma intervenção precoce, o psicólogo hospitalar orienta os familiares a encontrarem formas de lidar com a dor, fortalecendo a resiliência emocional nesse momento tão delicado.

Se você está cuidando de alguém em fase terminal ou diante de uma morte iminente, lembre-se de que não precisa enfrentar isso sozinho. Há pessoas e recursos disponíveis para ajudar a atravessar esse momento difícil. Conversar com um médico, buscar ajuda de um terapeuta ou participar de grupos de apoio pode fazer toda a diferença. Também existem fontes de suporte e informações on-line que podem auxiliar nessa jornada.

É essencial reconhecer a profundidade das emoções que acompanham esse processo. A tristeza intensa, misturada com sentimentos de raiva, culpa, medo e ansiedade, podem surgir e se transformar rapidamente, tornando a experiência do luto ainda mais complexa. Entender essa montanha-russa emocional é o primeiro passo para lidar de forma mais compassiva consigo mesmo e com os outros nesse momento delicado.

No contexto do luto antecipatório em ambiente hospitalar ou não, esse processo se manifesta emocionalmente e também fisicamente, com sintomas como fadiga, dores e problemas digestivos. A rotina diária torna-se desafiadora, dificultando a concentração e a execução de tarefas simples devido à sobrecarga emocional. A incerteza sobre o futuro da doença e da família também intensifica o processo de luto, tornando-o uma experiência ainda mais difícil e repleta de questionamentos.

Diante de tais desafios, é imprescindível a oferta de intervenções terapêuticas adequadas para apoiar pacientes e familiares no enfrentamento do luto. A abordagem psicológica, seja por meio de terapia individual ou em grupo ou familiar, proporciona um ambiente seguro para a expressão das emoções que emergem nesse processo e a reflexão sobre elas. Também deve se considerar intervenções espirituais e farmacológicas, conforme as necessidades de cada família ou indivíduo.

Portanto, a atuação do psicólogo nesse quesito pode oferecer suporte emocional e ferramentas para lidar com o sofrimento, ajudando o paciente a compreender e expressar suas emoções. A intervenção precoce do psicólogo pode prevenir o desenvolvimento de problemas de saúde mental, como a depressão e a ansiedade, que comumente surgem diante da perda (Piccinini *et al.*, 2015; Zilberman; Kroeff; Gaitán, 2022).

Não há uma maneira única ou correta de enfrentar o luto. Permitir-se sentir as emoções, buscar apoio, cuidar da própria saúde física e emocional são atitudes fundamentais para superar essa experiência, no contexto hospitalar ou não.

Cada indivíduo vive o luto de forma singular, e respeitar esse processo é parte da jornada.

Em grande parte dos atendimentos, a religião e a espiritualidade estão muito presentes nos relatos de pacientes e acompanhantes, principalmente como ferramenta de apoio durante o processo de hospitalização e tratamentos. Linard, Silva e Silva (2002) afirmam que a religião e a espiritualidade servem como suporte para lidar com a doença, sendo uma importante fonte de apoio e conforto em momentos de angústia ao proporcionar mais equilíbrio diante das adversidades do adoecimento. No entanto, é necessário ter uma escuta atenta, pois a religião e a espiritualidade também podem ser vividas de maneira oposta para algumas pessoas (Simonetti, 2016).

Cada pessoa atravessa essa experiência de forma única. Reconhecer e validar as emoções é uma parte importante do processo de luto, permitindo que sentimentos como tristeza e raiva sejam vividos.

Para minimizar o estresse e ajudar no processo de luto antecipatório, diversas estratégias são adotadas para suporte e conforto durante essa fase. Terapia ocupacional, atividades criativas, como pintura, escrita ou música, oferecem uma saída não verbal para expressar sentimentos profundos que, muitas vezes, são difíceis de externar. A arte, por exemplo, possibilita tanto ao paciente quanto aos familiares o processamento das emoções de forma terapêutica. Além do apoio da equipe de saúde, amigos e familiares, terapias individuais ou em grupo oferecem um espaço seguro para compartilhar e lidar com as emoções.

Práticas de *mindfulness* e meditação também se mostram eficazes nesse contexto, colocando os indivíduos em conexão com o presente para lidar com seus sentimentos. Essas técnicas ajudam a reduzir a ansiedade e promovem momentos de serenidade, fundamentais para enfrentar o luto antecipatório com mais equilíbrio.

Outra estratégia de grande valor é a terapia assistida com animais, em que o contato com cães ou outros animais de estimação proporciona conforto emocional. A presença dos animais cria uma atmosfera de leveza e afeto, aliviando o estresse, e oferece momentos de alegria e distração em meio à dor. Tanto pacientes quanto familiares encontram nessa interação uma fonte de consolo, sentindo-se menos sobrecarregados emocionalmente.

Grupos de apoio proporcionam um ambiente de partilha e compreensão mútua. Ao se conectar com outros que vivenciam situações semelhantes, pacientes e familiares podem expressar suas preocupações, dores e dúvidas, sentindo-se acolhidos e ouvidos. Esse senso de comunidade ajuda a reduzir o sentimento de isolamento e oferece novas perspectivas sobre como enfrentar o processo de luto.

No campo religioso e espiritual, o apoio de líderes religiosos ou capelães traz conforto àqueles que encontram na fé um recurso importante para enfrentar o fim da vida. A espiritualidade, quando valorizada, oferece sentido e paz, ajudando o paciente e sua família a lidarem melhor com o desconhecido e a transição que se aproxima.

Por fim, terapias complementares, como aromaterapia, massoterapia e acupuntura, oferecem alívio físico. Essas práticas ajudam a relaxar o corpo e a mente, reduzindo tensões e dores, o que torna o processo de luto antecipatório menos angustiante.

Essas estratégias, quando combinadas, formam uma rede de suporte que foca no bem-estar integral do paciente e de sua família. O cuidado paliativo, ao abraçar essas abordagens, busca proporcionar dignidade, conforto e alívio psicológico, permitindo que o paciente viva seus últimos momentos com qualidade de vida e que seus familiares se sintam acompanhados e amparados durante esse período.

INTERVENÇÕES TERAPÊUTICAS

A seguir, é apresentado um resumo das principais intervenções terapêuticas recomendadas para auxiliar pacientes e seus familiares no enfrentamento do luto, tanto no ambiente hospitalar quanto no contexto de cuidados paliativos domiciliares.

Terapia individual, em grupo e familiar.

Grupos de apoio, atividades físicas e técnicas de relaxamento.

Praticar *mindfulness* e meditação, e envolver-se em atividades criativas como formas de expressar emoções e encontrar apoio mútuo.

Considerar a **religião e espiritualidade** como fonte de apoio e **medicações farmacológicas** prescritas para os sintomas.

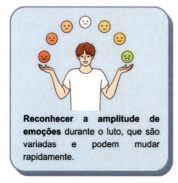

Reconhecer a amplitude de emoções durante o luto, que são variadas e podem mudar rapidamente.

Ser gentil consigo mesmo, permitindo-se o tempo e espaço para sentir, curar e encontrar significado na experiência.

PARA REFLETIR...

Exploração da dimensão religiosa e espiritual: dedicar momentos à oração, à reflexão e à leitura de textos que abordem temas como o sofrimento e a morte podem trazer serenidade e ajudar no enfrentamento desses desafios. Ao escolher leituras, é aconselhável optar por temas que tenham mais relevância pessoal para proporcionar uma conexão mais profunda e significativa com o conteúdo.

ATIVIDADE SUGERIDA

Determine qual momento do dia é mais adequado para realizar atividades como orações, leituras, ouvir música, assistir a filmes, meditar e outras práticas que você aprecie. Se preferir, crie uma programação e sinta-se à vontade para modificá-la conforme necessário.

ATIVIDADES QUE GOSTO DE FAZER E ME FAZEM BEM

Atividade: _____ Horário (____ : ____)

Atividade: _____ Horário (____ : ____)

Atividade: _____ Horário (____ : ____)

Atividade: _____ Horário (____ : ____)

PERDA DE FILHOS COM DOENÇAS FATAIS

Para os pais que enfrentam a difícil realidade de lidar com doenças fatais de seus filhos, o processo de luto se apresenta como uma jornada marcada por desafios e dores profundas. Ao longo desse percurso, eles podem atravessar diversas fases, cada uma com suas características emocionais e psicológicas.

Inicialmente, ao receberem o diagnóstico da doença fatal de seus filhos, os pais frequentemente se encontram em estado de torpor, abalados pelo choque e pela sensação de irrealidade que a notícia traz. Esse período é marcado por uma dificuldade em assimilar a gravidade da situação, envolvendo uma espécie de entorpecimento emocional.

Seguem-se momentos de intensa raiva e negação, direcionando suas emoções para diversas fontes, como profissionais de saúde, familiares ou para si mesmos. A negação surge como uma forma de defesa psicológica diante da dor avassaladora e da angústia pela perda iminente.

Em meio a essa turbulência emocional, muitos pais se lançam numa busca incessante por esperança e possíveis curas ou tratamentos alternativos, em uma tentativa desesperada de reverter a situação e manter viva a chama da esperança por um desfecho positivo. No entanto, à medida que a doença avança e se torna cada vez mais evidente sua fatalidade, os pais mergulham em um estado de desespero e desorganização emocional. Sentimentos de impotência, tristeza profunda e desesperança passam a dominar os pensamentos e emoções.

À medida que a morte da criança se torna inevitável, os pais iniciam um doloroso processo de reorganização emocional. Nessa fase, começam a aceitar a dura realidade da perda e a se preparar, ainda que de maneira dolorosa.

É imprescindível entender que o luto antecipatório dos pais diante da iminente perda de um filho é um processo complexo e singular, marcado por variações individuais. Cada pai e mãe vivencia esse percurso de forma única, atravessando as fases de maneira não linear e com intensidades diversas.

Nesse cenário tão delicado, oferecer apoio emocional, escuta e recursos adequados é fundamental para auxiliar os pais nesse momento. A disponibilidade de suporte especializado pode ajudá-los a encontrar formas de enfrentar os desafios emocionais que surgem nessa jornada tão difícil. Entre as principais abordagens, destacam-se a terapia individual, grupal ou familiar, terapia ocupacional e apoio espiritual, cada uma com suas características e benefícios.

A terapia individual emerge como um espaço seguro e íntimo para expressar livremente os sentimentos e pensamentos que permeiam o luto. Por meio dela, é possível processar as emoções e desenvolver habilidades para lidar com a dor. Ela fortalece a autoestima e promove o senso de identidade, auxiliando na construção de um caminho rumo à resiliência.

Por outro lado, a terapia em grupo oferece uma valiosa oportunidade de conexão com indivíduos que compartilham experiências semelhantes. Ao se reunir com outros que estão passando pelo mesmo processo, há uma troca de histórias, sentimentos e estratégias de enfrentamento, buscando soluções ou suporte – isso reduz o sentimento de isolamento e solidão. A sensação de pertencimento proporciona uma percepção reconfortante de que não se está sozinho na dor, o que, consequentemente, cria um ambiente propício para o apoio mútuo e a compreensão.

A terapia familiar ou terapia sistêmica familiar, por sua vez, concentra-se no fortalecimento dos laços e na reorganização de papéis familiares. Ao promover uma comunicação aberta e honesta sobre o luto, ajuda os membros da família a compartilhar suas dores e a desenvolver mecanismos conjuntos para enfrentá-las. Esse processo facilita a adaptação da dinâmica familiar à nova realidade, criando um ambiente de apoio e acolhimento.

As intervenções da terapia ocupacional envolvem atividades como pintura, escultura, musicoterapia, ludoterapia ou outros trabalhos manuais, os quais permitem a expressão não verbal das emoções. Por meio da arte, da música e do jogo, os indivíduos encontram meios de externalizar suas emoções de forma não verbal, o que pode ser especialmente benéfico para crianças e adultos que têm dificuldade em expressar seus sentimentos por meio da linguagem convencional.

O apoio espiritual oferece um caminho para encontrar significado e conforto nas crenças e nos valores religiosos ou espirituais. A conexão com uma comunidade de fé que acolhe e apoia pode ser uma fonte de força e consolo durante o processo de luto. Participar de rituais e práticas religiosas também é uma alternativa que visa oferecer uma sensação de continuidade e ajuda na busca por paz interior.

INTERVENÇÕES TERAPÊUTICAS PARA PERDA DE FILHOS

Terapia Individual: propicia o desenvolvimento de habilidades para lidar com a dor.

Terapia em Grupo: conexão com outros pais que vivenciam experiências semelhantes.

Terapia Familiar: intervenção para auxiliar na melhora da comunicação, reorganização dos papéis e fortalecimento dos vínculos familiares durante o processo de luto.

Musicoterapia: utilização da música para processar o luto e encontrar conforto.

Terapia ocupacional: várias ocupações e atividades são utilizadas para promover o bem-estar mental e expressão de sentimentos.

Apoio Espiritual: a conexão com uma comunidade de fé oferece suporte e compreensão para auxiliar no enfrentamento do luto.

PROFISSIONAIS DA SAÚDE E O CONTEXTO HOSPITALAR

O sofrimento emocional causado pela culpa entre profissionais de saúde no ambiente hospitalar é uma questão complexa e impactante. Expostos a falhas terapêuticas, muitos internalizam a sensação de que poderiam ter feito mais, o que resulta em autocrítica intensa. Esse sentimento, se não tratado, pode evoluir para ansiedade, depressão e burnout, afetando a saúde mental e o desempenho profissional.

Um dos principais recursos para lidar com o luto no ambiente hospitalar é o suporte mútuo entre os colegas. Sessões de *debriefing* e supervisão clínica após situações de luto oferecem um espaço para processar emoções, compartilhar experiências e receber orientações, contribuindo para a saúde emocional dos profissionais. Essa atenção ajuda a manter o equilíbrio entre vida pessoal e trabalho, a identificar sinais de esgotamento e a minimizar os impactos emocionais.

É fundamental que os profissionais de saúde tenham suporte psicológico, como supervisão clínica e grupos de apoio, para lidar com suas emoções. Reconhecer que a morte está fora de seu controle é essencial para evitar que a culpa se torne sofrimento.

Um ambiente hospitalar que valoriza o autocuidado e a troca de experiências entre colegas cria um espaço seguro para a expressão de vulnerabilidades, fortalecendo o enfrentamento das perdas.

A criação de espaços no hospital para reflexão, homenagem e memória dos pacientes falecidos também pode ser reconfortante para os profissionais de saúde. Esses espaços proporcionam tranquilidade e lembrança, permitindo que os profissionais prestem suas homenagens e encontrem conforto em suas memórias.

O luto, especialmente no contexto de cuidados paliativos e de doenças graves, é uma experiência desafiadora para todos os envolvidos. No entanto, sem a devida formação especializada, os profissionais de saúde muitas vezes se veem despreparados para gerenciar tanto suas próprias emoções quanto as dos pacientes e familiares. Nesse sentido, o treinamento sobre o luto oferece uma base teórica e prática que permite a esses profissionais desenvolverem estratégias de autocuidado e também um atendimento mais empático e eficaz.

Programas educativos estruturados devem ser realizados para o aperfeiçoamento das habilidades emocionais que envolvem o luto, tanto no nível pessoal quanto no suporte oferecido aos pacientes e suas famílias.

Incentivar o autocuidado e monitorar a saúde mental dos profissionais de saúde é vital, especialmente no contexto do luto antecipatório, enfrentado também pelos pacientes e por suas famílias.

PARA REFLETIR...

Profissionais de saúde: é recomendável buscar o apoio de outros profissionais especializados sempre que necessário. Em algumas circunstâncias, pode ser indicada uma avaliação por um psicólogo, psiquiatra ou outro especialista. Esse processo permite a análise detalhada dos sintomas, facilitando a elaboração de um plano de tratamento adequado e personalizado.

ATIVIDADE SUGERIDA

Realize uma autoavaliação atenta de seu estado atual, observando como tem se sentido, a qualidade do seu sono e seus hábitos alimentares. Esse processo permitirá identificar eventuais necessidades de buscar apoio profissional. E, em caso de dúvida, sempre é recomendável investigar a fundo sua condição.

CAPÍTULO V

FORTALECENDO VÍNCULOS E ENCONTRANDO CONSOLO

No contexto do luto, o fortalecimento dos vínculos emocionais revela-se fundamental para proporcionar consolo por meio do apoio mútuo. Reconhecer a continuidade desses laços e celebrar o amor compartilhado permite enfrentar essa jornada com mais tranquilidade. Ao preservar essas conexões afetivas, oferece-se uma fonte genuína de amparo, essencial para lidar com a perda de maneira mais serena.

(Adaptado de Acetti, 2023)

No período do luto, é imprescindível buscar apoio emocional. Os vínculos estabelecidos ao longo da vida são como fios invisíveis que conectam os corações das pessoas ao dos entes amados. Durante o percurso, esses laços se tornam ainda mais evidentes e significativos. Eles representam momentos compartilhados assim como sentimentos profundos de amor, conexão e pertencimento.

Apesar da ausência física do ente querido, os vínculos emocionais permanecem vivos de maneira surpreendente. Eles se manifestam em memórias preciosas, em sonhos e até mesmo em sinais sutis. É importante compreender que a conexão emocional não termina com a morte; ela se transforma e se adapta, continuando a se sustentar mesmo diante da perda física.

Ao reconhecer e honrar a continuidade dos vínculos emocionais, é possível encontrar consolo e conforto em meio à dor. Compartilhar lembranças, expressar sentimentos e manter os laços com aqueles que também compartilharam o amor pelo falecido ajuda a sentir sua presença de maneira mais reconfortante. Esses gestos de zelo e conexão fortalecem os laços entre os enlutados com o próprio ente que partiu.

Falar abertamente sobre os sentimentos e as experiências com amigos, familiares ou um profissional de saúde mental constitui passo necessário para enfrentar o luto. A expressão dos sentimentos permite que a dor seja compartilhada, aliviando o peso emocional reprimido.

É importante reservar um tempo para ter conversas honestas e abertas com amigos e familiares sobre os próprios sentimentos. Organizar uma reunião familiar, na qual cada indivíduo tenha a oportunidade de compartilhar lembranças e emoções relacionadas ao ente querido falecido, favorece um ambiente de suporte mútuo.

Participar de grupos de apoio com outras pessoas que estão passando por situações semelhantes oferece um espaço para compartilhar e receber experiências. A conexão com pessoas que compreendem a profundidade da dor pode ser reconfortante, ajudando a reduzir o sentimento de solidão e isolamento.

Buscar grupos de apoio, tanto locais quanto on-line, que atendam às suas necessidades específicas no processo de luto é uma iniciativa pertinente. A participação regular em tais grupos oferece a oportunidade de compartilhar experiências com outros indivíduos que enfrentam situações similares. Por exemplo, é possível integrar-se a um grupo de apoio para pais enlutados, no caso de perda de um filho, ou a um grupo voltado para viúvos e viúvas, em caso de perda do cônjuge. Esses espaços proporcionam um ambiente seguro para a expressão das emoções, favorecendo o consolo por meio da compreensão e solidariedade dos demais participantes.

Embora a saudade permaneça, buscar novas formas de se reconectar com o mundo e com as pessoas ao redor proporciona um renovado senso de propósito e significado. A exploração de novos hobbies, interesses e relacionamentos auxilia a preencher o vazio deixado pela perda, assim como fortalece os vínculos já existentes e estabelece novas conexões que oferecem alegria e conforto. O envolvimento em novas atividades e relações abre caminho para um novo capítulo na vida, ainda que a saudade persista.

Além de buscar novas formas de conexão, cuidar de si mesmo é uma parte indispensável do processo de luto. Praticar o autocuidado, como manter uma alimentação saudável, dormir o suficiente e realizar atividades físicas, fortalece a saúde física e mental, proporcionando uma base sólida para enfrentar os desafios emocionais.

Procure envolver-se em atividades que promovam conforto e bem-estar. Caso houvesse o hábito de realizar caminhadas com o ente querido falecido, considere manter essa prática, possivelmente convidando um amigo ou familiar para acompanhá-lo. Tal ação reforça os vínculos já existentes, possibilita a criação de novas memórias e experiências positivas, contribuindo para o processo de enfrentamento do luto.

Honrar a memória da pessoa que partiu é uma forma de manter viva sua presença e conexão. Então reserve um momento para honrar essa lembrança. Uma maneira de fazer isso é criando um álbum de fotos com registros de momentos especiais, redigindo uma carta para expressar seus sentimentos ou até apoiando uma causa que era relevante para a pessoa falecida. Tais ações prestam uma homenagem à memória da pessoa e oferecem conforto e propósito.

Em conclusão, o processo de luto, embora doloroso e desafiador, é possível ser atravessado de maneira mais equilibrada com o uso de estratégias adequadas e práticas de apoio. O fortalecimento dos vínculos emocionais e as atividades terapêuticas oferecem recursos indispensáveis para a expressão das emoções e a construção de um espaço interior com mais serenidade. Tais abordagens, além de promoverem o consolo, permitem que os enlutados encontrem novas formas de significado, ajudando-os a enfrentar a dor da perda com mais resiliência e compreensão. Assim, ao longo dessa complexa jornada é possível perceber que, mesmo diante da ausência, há caminhos para a restauração do equilíbrio.

AJUDANDO A SI MESMO E AOS OUTROS NO PROCESSO DE LUTO

É imperativo ressaltar que o autocuidado é indispensável para o processo de superação do luto. Isso envolve a prática da autocompaixão, a busca de apoio profissional, entre outras já citadas. Ademais, proporcionar apoio e escuta àqueles que também atravessam o luto constitui uma forma de fortalecer os vínculos e promover consolo mútuo.

O compartilhar de experiências e sentimentos cria um espaço de empatia e acolhimento, o sofrimento é compreendido e respeitado, permitindo que o processo de superação seja vivenciado de maneira coletiva. Esse tipo de interação alivia a sensação de isolamento que o luto pode trazer, assim como reforça o sentido de comunidade e interdependência, proporcionando o suporte emocional que se revela essencial para enfrentar a perda.

Assim, ao cultivar essas conexões, tanto aquele que oferece o apoio quanto quem o recebe encontram formas mais saudáveis e equilibradas de lidar com a dor, favorecendo um caminho de resiliência e entendimento.

Portanto, o luto torna-se uma jornada compartilhada, no qual o consolo e o fortalecimento surgem da solidariedade e da empatia mútua.

CAPÍTULO VI

AVANÇANDO E RECONSTRUINDO A VIDA

> Enfrentar a perda de um ente querido constitui uma jornada árdua, capaz de abalar profundamente os alicerces emocionais. No entanto, essa experiência também pode abrir oportunidades para o crescimento e a ressignificação do sentido existencial.
>
> (Eliane Malaquias)

ACEITANDO A REALIDADE DA PERDA

Quando se perde alguém ou algo de grande importância, é comum vivenciar uma ampla gama de emoções intensas e conflitantes. Negar ou reprimir esses sentimentos pode parecer, à primeira vista, uma forma de autopreservação; contudo, tal atitude apenas posterga o inevitável processo de superação e transformação.

Ao admitir a realidade da perda, permite-se reconhecer, de maneira consciente e sincera, que o ente querido não está mais presente fisicamente. Embora seja uma verdade de difícil aceitação, sobretudo durante o período de adaptação à ausência no cotidiano, é apenas ao confrontar essa realidade que se torna possível iniciar o processamento da dor e avançar em direção à superação.

Aceitar a realidade da perda não significa necessariamente superar imediatamente o sofrimento ou a tristeza. Pelo contrário, envolve permitir-se vivenciar todas as emoções que surgem nesse momento difícil, desde a profunda tristeza até a raiva, a culpa e a saudade. Cada uma dessas emoções faz parte do processo de luto e é importante reconhecê-las e expressá-las.

Negar ou reprimir esses sentimentos pode resultar em consequências adversas a longo prazo, como o surgimento de distúrbios relacionados à saúde mental ou dificuldades na adaptação ao processo de luto. Em contrapartida, ao aceitar a realidade da perda e se permitir vivenciar plenamente as emoções que a acompanham, cria-se um ambiente seguro e autêntico para o adequado processamento da dor, possibilitando o desenvolvimento de estratégias para avançar de maneira saudável.

Ao aceitar a realidade da perda, cria-se um espaço propício para o processo de transformação e renovação. Embora a dor possa parecer insuportável em determinado momento, é relevante lembrar que o luto é um processo dinâmico. Enfrentar as emoções e aprender a lidar com a ausência possibilita a preparação para uma nova etapa de vida, na qual se torna possível redescobrir sentido, propósito e, eventualmente, alegria.

Aceitar a realidade da perda constitui o primeiro passo para iniciar a reconstrução da vida após o luto. Ao se permitir vivenciar plenamente todas as emoções inerentes ao processo e se abrir para a transformação, inicia-se o percurso de superação, com a perspectiva de um futuro que ainda existe esperança.

EXPLORANDO NOVAS POSSIBILIDADES E SENTIDOS

Embora o luto seja uma experiência profundamente dolorosa, ele também proporciona a oportunidade de explorar novas possibilidades e significados na vida. A perda de um ente querido confronta o indivíduo com a realidade da impermanência e da fragilidade da existência humana. Tal percepção incita uma reflexão profunda sobre o que realmente importa e sobre como se deseja conduzir a vida a partir desse momento. Nesse contexto, o luto atua como um catalisador para uma transformação pessoal.

Ele abre portas para novas possibilidades ao encorajar a busca por um melhor autoconhecimento. Ao enfrentar a dor da perda, há um confronto direto com as próprias emoções, os medos e as fragilidades, conduzindo a uma jornada de profunda descoberta interior. Esse processo de autoconhecimento permite uma compreensão mais clara de si mesmo, dos valores essenciais e das aspirações para o futuro, promovendo uma reflexão transformadora sobre a própria existência.

Nesse processo, surge o desafio de encontrar maneiras de se adaptar e se fortalecer emocionalmente. Com isso, desenvolvem-se novas habilidades, hobbies ou atividades que oferecem um senso renovado de realização e propósito. Ao mesmo tempo, pode-se adotar o compromisso de viver de maneira mais autêntica e significativa, honrando a memória do ente querido por meio de ações e escolhas que refletem os valores e legados compartilhados. Dessa forma, o luto provoca uma reflexão sobre a própria vida e motiva uma reinvenção positiva.

Destaca-se que o processo de explorar novas possibilidades e sentidos após o luto pode ser gradual e desafiador. Nem sempre é fácil encontrar um novo rumo em meio à dor e à tristeza. No entanto, ao abraçar essa jornada com coragem e determinação, é possível descobrir uma nova profundidade de significado e propósito, mesmo diante das adversidades.

RECONSTRUINDO A IDENTIDADE E O SENTIDO EXISTENCIAL

Após vivenciar uma perda significativa, é comum sentir-se desorientado e emocionalmente abalado. A perda, além de afetar as emoções, desafia também a compreensão que o indivíduo tem de si mesmo e do mundo ao seu redor. Nesse cenário, a reconstrução da identidade e do sentido existencial torna-se uma etapa elementar para a recuperação emocional e para o restabelecimento do equilíbrio psicológico.

O processo de reconstrução da identidade após uma perda envolve a redefinição de quem se é, dos próprios valores, das crenças e aspirações. Essa reconstrução pode vir a ser gradual e desafiadora, especialmente quando a perda é de alguém muito próximo ou quando ela afeta profundamente a visão de mundo do enlutado. No entanto, é um passo necessário para encontrar a superação e seguir em frente.

Encontrar um novo sentido existencial após a perda refere-se à percepção de que a vida tem um propósito significativo e que as ações têm um impacto no mundo ao redor. Muitas vezes os objetivos e significados próprios são questionados, o que pode levar a sentimentos de vazio e desesperança. Portanto, buscar maneiras de redescobrir esse sentido é necessário para preservar a saúde mental e promover o bem-estar.

Uma maneira de reconstruir a identidade e o sentido existencial após a perda é buscar novas paixões, interesses e conexões. Isso envolve explorar novos hobbies, dedicar-se a atividades que tragam alegria e satisfação e cultivar relacionamentos positivos com outras pessoas. Ao se envolver em atividades que inspiram e conectam com os outros, há a possibilidade de encontrar um novo propósito e significado para a própria vida.

Buscar apoio emocional de amigos, familiares ou profissionais de saúde mental desempenha um papel importante nesse processo. Compartilhar experiências, preocupações e emoções com outros possibilita uma nova perspectiva, além de proporcionar conforto e oferecer o suporte necessário para a reconstrução da própria identidade e do sentido existencial.

Reconstruir a identidade e o sentido existencial após uma perda é uma jornada desafiadora. Ao buscar novas paixões, interesses e conexões significativas, pode-se encontrar um novo propósito e significado, o que permite seguir em frente com esperança e resiliência.

PARA REFLETIR...

A **rede de suporte social** exerce um papel determinante no processo de luto. É recomendável permitir que amigos e familiares façam parte da rotina diária, seja por meio de conversas ou da participação em atividades de interesse comum. Evitar o isolamento é essencial; além do mais, a pessoa deve estar receptiva ao apoio oferecido por aqueles ao seu redor que podem contribuir de maneira importante para a ressignificação durante esse período.

ATIVIDADE SUGERIDA

Em certos momentos, é natural desejar ficar sozinho, reservando tempo e espaço para si, especialmente durante o processo de luto, assim como em outras fases da vida. No entanto, é importante manter contato com pessoas queridas. Dedique, ao menos uma vez por semana, um momento para ligar para um amigo ou familiar, ou até mesmo realizar uma visita. Esse contato social desempenha um papel importante no enfrentamento e na superação da perda. Reflita sobre quem são as pessoas com quem gostaria de se conectar durante esse período.

PESSOAS QUE GOSTARIA DE MANTER CONTATO E QUE ME FAZEM BEM

Nome:_____ Telefonar ( ) ou visitar ( )

Nome:_____ Telefonar ( ) ou visitar ( )

Nome:_____ Telefonar ( ) ou visitar ( )

Nome:_____ Telefonar ( ) ou visitar ( )

CUIDANDO DA SAÚDE MENTAL

Cuidar da saúde mental é uma prioridade para o enfrentamento do luto e a busca da reconstrução da vida após a perda de um ente querido. Esse cuidado abrange uma série de práticas e recursos que visam promover o bem-estar psicológico, fornecendo suporte e sustentação durante esse período desafiador. É essencial reconhecer a importância desse cuidado e entender que buscar ajuda não é sinal de fraqueza, mas sim de coragem e autocompaixão.

Buscar ajuda profissional é uma das formas mais eficazes de cuidar da saúde mental durante o luto. Psicólogos, psiquiatras, terapeutas e conselheiros são profissionais qualificados para oferecer apoio, orientação e ferramentas terapêuticas para lidar com a dor da perda e promover a superação. Com a terapia individual ou em grupo, é possível explorar emoções, desenvolver estratégias de enfrentamento e encontrar um espaço seguro para expressar os sentimentos mais profundos.

Praticar o autocuidado é importante para manter o equilíbrio emocional durante o processo de luto. Isso inclui dedicar tempo para atividades que tragam conforto e alívio, como praticar exercícios físicos, meditar, escrever, pintar ou simplesmente relaxar. Cuidar da alimentação, do sono e da rotina diária também são aspectos do autocuidado que auxiliam no fortalecimento da saúde como um todo.

Para isso, manter conexões significativas com outras pessoas é um elemento crucial no cuidado da saúde mental. Buscar o apoio de amigos, familiares e membros da comunidade promove conforto. Por meio deles, é viável compartilhar experiências, emoções e lembranças, além de se conectar com outras pessoas que estão enfrentando situações semelhantes. Consequentemente, isso pode ser reconfortante e fortalecedor.

É fundamental reconhecer que buscar ajuda durante o luto é válido para promover a ressignificação. A dor da perda pode ser avassaladora e é natural sentir-se sobrecarregado ou incapaz de lidar com as emoções sozinho. Buscar ajuda terapêutica ou de saúde, praticar o autocuidado e manter conexões significativas com outras pessoas são medidas ativas para cuidar da saúde mental e construir um caminho de esperança e renovação.

AJUDANDO A SI MESMO E AOS OUTROS NA JORNADA DE RECONSTRUÇÃO

A jornada de reconstrução após o luto é um ato individual, mas que pode ser compartilhada com outros que também estão enfrentando desafios semelhantes. Nesse sentido, ajudar a si mesmo e ao próximo tem um impacto notável na própria cura e na dos outros.

Praticar a empatia e a compaixão é essencial ao oferecer apoio durante o processo de luto. Ao se colocar no lugar da outra pessoa e tentar compreender suas emoções e necessidades, cria-se um espaço seguro e acolhedor para que os enlutados expressem sua dor e encontrem consolo. Por meio da empatia, é possível validar os sentimentos e mostrar que estão sendo ouvidos e compreendidos, o que é incrivelmente reconfortante durante um momento tão difícil.

Além de tudo, oferecer suporte ou escuta fortalece os laços emocionais. Ao compartilhar as próprias experiências de luto e ressignificação, é possível mostrar aos outros que não estão sozinhos em sua jornada e que há esperança de superação e renovação. Essa troca de experiências e apoio mútuo cria uma rede de suporte emocional incrivelmente poderosa e fortalecedora para todos os envolvidos.

Oferecer um ombro amigo e estar presente para o semelhante também contribui para a superação e renovação. O simples ato de ouvir atentamente, sem julgamento, tem impacto profundo e positivo naqueles que estão sofrendo. Por meio dessa escuta, é possível ajudar os outros a processar a própria dor, encontrando conforto e iniciando o processo de reconstrução da vida.

Em suma, ajudar a si mesmo e aos outros na jornada de luto é importante para promover a superação da perda de todos os envolvidos. Ao praticar a empatia, a compaixão, a escuta e o apoio mútuo, é possível fortalecer os laços emocionais, criar um espaço seguro para expressão e encontrar consolo e esperança em meio aos desafios, sejam eles quais forem.

CAMINHOS DE SUPERAÇÃO

A superação do luto é um processo complexo e individual, caracterizado por uma série de etapas psicológicas que, embora variem de pessoa para pessoa, são essenciais para a adaptação à perda. A aceitação da dor é o primeiro passo nesse caminho.

Como já comentado, os temas se confluem para o entendimento de que, para superar o luto, é importante que a pessoa enlutada busque formas de reconstruir sua vida após a perda. Uma abordagem que pode ser útil é o desenvolvimento de estratégias de enfrentamento que promovam o autocuidado e o bem-estar emocional.

Uma dessas estratégias é o autoconhecimento e a aceitação das próprias emoções. Reconhecer e validar os sentimentos de tristeza, raiva, culpa e desânimo como parte natural do processo de luto é imprescindível para iniciar o caminho rumo à superação. É aceitar os sentimentos e que não há prazo definido. Isso pode aliviar parte do peso emocional.

Identificar recursos de apoio é essencial. Isso pode incluir a busca por grupos de apoio locais, linhas de ajuda telefônica, sites ou livros que oferecem orientação e conforto.

Compartilhar experiências com outras pessoas que estão passando pelo mesmo processo pode proporcionar um senso de pertencimento e solidariedade, ajudando a pessoa a se sentir menos sozinha em sua dor.

Muitos encontram consolo em manter lembranças vivas, seja por meio de rituais, álbuns de fotos ou conversas sobre momentos importantes. Criar rituais para honrar a memória do ente querido perdido auxilia a pessoa a encontrar conforto e sentido em meio à dor. Eles podem ser simples, como acender uma vela em memória da pessoa falecida, realizar algum feito ou plantar uma árvore em sua homenagem.

O luto é, assim, um processo contínuo de adaptação, no qual o indivíduo aprende a conviver com a ausência enquanto reencontra esperança e sentido para seguir adiante.

PARA REFLETIR...

Participar de rituais de despedida pode ajudar a confirmar a realidade da perda, mostrando que ela de fato ocorreu. O velório é um exemplo comum, em contrapartida também é possível se despedir por meio de cartas ou outras formas pessoais. O importante é realizar uma despedida que tenha um sentido pessoal.

ATIVIDADE SUGERIDA

Se você ainda não teve a oportunidade de realizar um ritual de despedida ou ainda sente a necessidade de compartilhar mais sobre a pessoa amada, considere escrever uma carta. Nela, você pode expressar seus sentimentos, contar o que gostaria de dizer à pessoa e compartilhar o que aprendeu durante o tempo que estiveram juntos. Aproveite também para mencionar o que não conseguiu dizer antes. Essa iniciativa pode ajudar a lidar com a sensação de algo incompleto, permitindo que você expresse seus sentimentos e pensamentos.

CHEGOU A HORA DA CARTA...

Utilizando um método terapêutico por meio da escrita para lidar com o processo de luto, escreva a sua carta:

Psicólogos e terapeutas podem oferecer suporte especializado para lidar com as emoções, proporcionando ferramentas para enfrentar o luto de maneira mais saudável. A terapia ajuda a compreender sentimentos de culpa, depressão ou isolamento que podem surgir ao longo do processo. Em alguns casos, o uso de medicamentos, como antidepressivos ou ansiolíticos, pode ser necessário para aliviar os sintomas mais intensos e melhorar a qualidade de vida.

Manter o foco na reconstrução da vida após o luto é necessário. Conceber uma nova vida após a perda e tomar pequenos passos rumo à ressignificação do sentido existencial pode ajudar o indivíduo a reencontrar esperança e inspiração para seguir adiante, mesmo em meio ao sofrimento. A superação do luto complicado, embora desafiadora, é alcançável. Com o suporte apropriado e o emprego de estratégias de enfrentamento, é possível encontrar conforto, resiliência e um novo sentido após a ausência de alguém ou algo de grande valor.

Com o tempo, a dor do luto vai diminuindo, e um novo propósito para a vida começa a ser encontrado. É preciso lembrar que não é necessário esquecer a pessoa que se foi, mas aprender a viver sem ela. Reconstruir a vida após o luto significa encontrar novas formas de ser feliz e encontrar significado na existência.

Em meio à dor da perda, é vital cuidar de si mesmo: alimentar-se de forma saudável, praticar exercícios físicos regularmente e dormir bem.

É importante não consumir álcool e drogas, pois eles podem intensificar o sofrimento causado pelo luto. Embora possam proporcionar alívio temporário, tais substâncias afetam o cérebro de forma prejudicial, resultando no entorpecimento psicológico e futuros vícios de difícil recuperação. Em contrapartida, é recomendável buscar atividades que promovam prazer e bem-estar, como a prática de hobbies, a leitura ou o contato com a natureza, que podem auxiliar de forma mais saudável o processo de enfrentamento da perda.

É fundamental não impor a si mesmo a necessidade de superar a dor de maneira imediata. É importante permitir-se vivenciar as emoções que emergem, sejam elas tristeza, raiva, culpa ou saudade. Expressar esses sentimentos, seja por meio do choro, de conversa ou do apoio de amigos e familiares, mesmo que dolorido, é necessário, faz parte do processo de luto para encontrar caminhos e adaptação.

A figura a seguir apresenta um resumo de dicas para avançar durante o processo de luto.

Dicas para avançar

Permita-se sentir a dor da perda.

Cuide de si mesmo.

Busque apoio de amigos, familiares e profissionais.

Não se compare com outras pessoas.

Seja paciente consigo mesmo.

Reconstrua a sua vida passo a passo.

Avançar e reconstruir a vida após o luto é um processo complexo, mas também uma oportunidade para o crescimento pessoal. Ao aceitar a realidade da perda e explorar novas possibilidades, é possível reconstruir a própria identidade e encontrar um novo sentido para a existência.

O luto, por mais doloroso que seja, precisa ser um ponto de partida para a criação de uma nova narrativa de vida, fundamentada na resiliência, na compaixão e na capacidade de superar as adversidades. Essa jornada, embora desafiadora, é passageira, pois por meio da esperança e de outras motivações encontra-se novos propósitos e sentidos para viver.

REFERÊNCIAS

ACETTI, Rackel. **Ressignificando Perdas:** Reflexões e práticas para (sobre) viver à metamorfose do luto. [S. l.]: Alfabeto, 2023.

BOWLBY, John. **Attachment and loss**. New York: Basic Books, 1969. v. 1.

BOWLBY, John. **Attachment and loss**: sadness and depression. New York: Basic Books, 1980. v. 3.

BOWLBY, John. **Perda: tristeza e depressão**. Tradução de L. C. Mello Mourão. São Paulo: Martins Fontes, 1973.

FRANKL, Viktor E. **Man's Search for Meaning**. Nova York: Beacon Press, 2006.

FREUD, Sigmund. [1915]. Luto e melancolia. *In:* FREUD, Sigmund. **Obras completas**. Rio de Janeiro: Imago, 1996a. v. XIV, p. 243-258.

FREUD, Sigmund. [1915]. Sobre o narcisismo: uma introdução. *In:* FREUD, Sigmund. **Obras completas**. Rio de Janeiro: Imago, 1996b. v. XIV, p. 73-102.

FREUD, Sigmund. [1917]. Introdução à psicanálise (Parte III: A metapsicologia). *In:* FREUD, Sigmund. **Obras completas**. Rio de Janeiro: Imago, 1996c. v. XV, p. 423-494.

FREUD, Sigmund. [1917]. Luto e melancolia. *In:* FREUD, Sigmund. **A história do movimento psicanalítico**. Rio de Janeiro: Jorge Zahar, 1996d. p. 243-258.

FREUD, Sigmund. [1926]. Inibições, sintomas e ansiedade. *In:* FREUD, Sigmund. **Obras completas**. Rio de Janeiro: Imago, 1996e. v. XX, p. 77-174.

FREUD, Sigmund. [1933]. Novas conferências introdutórias à psicanálise (29ª Conferência: Revisão do desenvolvimento da libido e das organizações psíquicas). In: FREUD, Sigmund. **Obras completas**. Rio de Janeiro: Imago, 1996f. v. XXIII, p. 149-185.

KÜBLER-ROSS, Elisabeth. **Sobre a morte e o morrer:** o que os doentes têm para ensinar a médicos, enfermeiras, religiosos e aos seus próprios parentes. 7. ed. São Paulo: Martins Fontes, 1998.

KÜBLER-ROSS, Elisabeth. **Sobre a morte e o morrer:** O que os doentes terminais têm para ensinar a médicos, enfermeiras, religiosos e aos seus próprios parentes. Tradução de Paulo Menezes. 10. ed. São Paulo: WMF Martins Fontes, 2017.

LINARD, Andrea Gomes; SILVA, Francisca Airlene Dantas e; SILVA, Raimunda Magalhães da. Mulheres submetidas ao tratamento para câncer de colo uterino: percepção de como enfrentam a realidade. **Revista Brasileira de Cancerologia**, v. 48, n. 4, p. 493-498, 2002.

PICCININI, César Augusto et al. Psicologia perinatal: uma área em expansão. **Psicologia: Teoria e Pesquisa**, Brasília, v. 31, n. 1, p. 7-14, jan./mar. 2015.

PIERRE, Clarice. **Luto:** A arte de viver e morrer. São Paulo: Ateliê, 2010.

SIMONETTI, Alfredo. **Manual de psicologia hospitalar** – o mapa da doença. São Paulo: Casa do Psicólogo, 2016.

WORDEN, J. William. **Terapia do luto**: um manual para o profissional de saúde mental. Tradução de A. B. Bauer e M. E. G. Dutra. Porto Alegre: Artmed, 2008.

WORDEN, J. William. **Grief counseling and grief therapy**: a handbook for the mental health professional. New York: Springer Publishing Company, 2009.

ZILBERMAN, Adriana Birmann; KROEFF, Renata Fischer da Silveira; GAITÁN, José Ignacio Cruz. **O processo psicológico do luto:** teoria e prática. Curitiba: CRV, 2022.